素描潘天寿

蒼鷹松崖有鐵骨秋
花溼露叢中石皆風白
夕觀飛瀑江洲夜泊樵
暮鐘
辛卯立日
李嵐清

"百年巨匠"素描／李岚清 绘

百年巨匠
Century Masters

毛建波　栾旭耀◎著

潘天寿

文物出版社

图书在版编目（CIP）数据

潘天寿 / 毛建波，栾旭耀著. --北京：文物出版社，2022.3
（百年巨匠 / 刘铁巍主编）
ISBN 978-7-5010-7123-4

Ⅰ．①潘… Ⅱ．①毛… ②栾… Ⅲ．①潘天寿
（1897-1971）-传记 Ⅳ．①K825.72

中国版本图书馆CIP数据核字（2022）第031064号

百年巨匠·潘天寿

著　　者　毛建波　栾旭耀

总策划　　刘铁巍　杨京岛
责任编辑　赵　磊　陈博洋
封面设计　子　旂
责任印制　张　丽
责任校对　陈　婧

出版发行　文物出版社
社　　址　北京市东城区东直门内北小街2号楼
邮　　编　100007
网　　址　http://www.wenwu.com
制版印刷　天津图文方嘉印刷有限公司
经　　销　新华书店
开　　本　710mm×1000mm　1/16
印　　张　14.5
版　　次　2022年3月第1版
印　　次　2022年3月第1次印刷
书　　号　ISBN 978-7-5010-7123-4
定　　价　59.80元

宣传巨匠推广大师 为时代树立标杆

蔡武

文化部原部长 《百年巨匠》总顾问

　　文化精品创作工程包括重大出版工程、影视精品工程。《百年巨匠》就是跨界融合的一个重大文化工程，它深具创意，立意高远，选题准确、全面，极富特色，内容精彩纷呈，内涵博大精深，基本涵盖了我国 20 世纪这一特定历史时期在文学艺术方面的成就及其代表人物。它讲述的不仅仅是各位巨匠的传奇人生，更是他们的文学艺术成就同民族、国家，同历史、文化，同当代世界，同 20 世纪风云激荡的年代，以及同人民的命运都是紧密相连的。他们的成就对整个社会产生了重要而深远的影响。因此，立足 21 世纪的当今，系统全面科学解读巨匠人生与大师艺术，有着特殊而积极的意义，是社会和时代的要求。

　　作为一个有影响力的文化品牌，《百年巨匠》的表现形式也是多样的。《百年巨匠》丛书和纪录片互动互补，是出版界与影视界的跨界合作与融合发展，形成了叠加影响和联动效应，进一步丰富和扩大了品牌的内涵和外延。在信息社会"四屏"时代，用这样的一种方式来表达重大深刻的主题，具有重大的创新意义，是对中华优秀文化传承发展进行创造性转化、创新性发展的成功探索。体现出强烈的历史感、时代性、民族性，具有鲜明的中国特色，必将产生深远的影响。

一个民族自立于世界民族之林，离不开民族的自信心与自尊心。而民族的自信心和自尊心有其思想基础和人文轨迹，即对民族文化的重要代表人物和优秀传统应当有比较全面的了解并进行广泛传播。一个国家的历史需要记录，文化艺术同样如此。《百年巨匠》丛书秉承文献性、真实性、生动性原则，客观还原大师原貌，以更为宏阔的历史维度对大师们所经历的时代给予不同视角的再现和解读，为读者开启一扇连接 20 世纪中国近现代文化艺术史的大门。

巨匠们的艺术成就、人生经历、精神高度，彰显了中华民族文化在这个时代所能达到的高度，不仅有文学艺术上和文化史上的价值，而且有人文思想美学上的划时代性贡献。《百年巨匠》可以增强我们的文化自信和实现中华民族伟大复兴的意志。

《百年巨匠》还有一个重要意义，它能够激励我们后来人砥砺奋进，勇攀高峰。这些文化艺术巨匠有着深厚的爱国情怀和强烈的民族责任感，他们将个人荣辱兴衰与国家、民族命运联系起来，用文化艺术去改变现实，实现理想。在新旧道德剧烈冲撞中，他们所表现出来的高风亮节是后来人的楷模。他们所传导出的强大正能量，会激励一代又一代广大读者，对促进我们整个民族新一代的教育与成长，有着非常重要的启迪意义。他们的精神是引领和鼓舞我们再出发的航标与风帆。

《百年巨匠》也给了我们很多的启示，可以帮助我们回答和破解"钱学森之问"。20 世纪产生了那么多的大师，新世纪、新时期我们应该如何助推产生出新的大师？这些巨匠的成长轨迹给我们揭示了大师们成长的规律，如要深具家国情怀，要胸怀高远理想；要深深扎根于人民，与人民同呼吸共命运；既继承民族优秀传统文化，又要勇于创新；并以非常包容的心态去拥抱一切文明成果等。

《百年巨匠》仅反映了20世纪百年的文化形态和人文生态，我们应该把这个事业延续下去，面向21世纪。对艺术大师的发掘是通过他们的作品来体现的，而他们的作品既是中华文化的传承，又进一步丰富、创新了中华文化的构成。从这个意义上讲，宣传这些艺术巨匠就是弘扬中华文化。这些艺术巨匠作为中国名片，拥有较强的国际影响力，这一工程的推进，可以有效推动中华文化和中国出版走出去。不仅仅局限于艺术领域，还可以从广度上、外延上扩大至整个文化领域，甚至把科技、教育等领域的巨匠们也挖掘展示出来。

一个国家文化事业的繁荣与发展，既需要广大艺术家的努力，也需要大师巨匠的引领。宣传巨匠，推广大师，为时代树立标杆，无疑是我们责无旁贷的历史责任。巨匠之所以是巨匠，大师之所以能成为大师，是因为他们以具有强烈时代感和创新精神的作品站在了巅峰。而他们巨作的背后，是令人钦佩的工匠精神，这种工匠精神的发掘和弘扬在当下具有重要的现实意义。同时，这百年的文学艺术史已有的众多成果，从学术上也要系统总结。而长期以来一直困扰我们的一大难题，就是如何把这些重要的学术研究成果进行转化和再创造，使之成为可被大众接受、雅俗共赏的精品佳作。从这个意义上讲，《百年巨匠》丛书的出版也是非常值得赞许的。

当前，我们的文化艺术事业虽然取得了长足的进步，但是相对于时代的重任，人民的厚望，尚有作品趋势跟风、原创性匮乏、模仿严重等问题，希冀大家在《百年巨匠》作品中得到更多的启迪和感悟。

我们国家正处在重要的历史时期，为我们文艺创作提供了丰沃的土壤和广阔的空间。中华民族的伟大复兴，呼唤一切有为的文艺工作者，为繁荣中国特色社会主义文化、建设社会主义文化强国，奉献毕生的才华和创作热情，将高度的社会责任感和历史使命感化作文艺创作的巨大动力，创作出无愧于时代、无愧于祖国和人民的优秀文艺作品，让我们这个时代的文艺创作异彩纷呈，光耀世界。

目　录

引　言

　　在梧桐婆娑、林荫密布的杭州上城区南山路，坐落着中国美术学院这座举世闻名的艺术院校。它是中国现代艺术的摇篮，是莘莘学子热切向往的艺术殿堂。在校园的西南侧，有一处清幽静雅的小院子，那是曾两任该院院长的著名中国画家潘天寿(1897—1971年)的纪念馆。纪念馆由故居和陈列楼组成。故居是素朴的民国时期的青砖小楼，潘天寿曾长期在此工作与生活，同一风格的陈列楼建于1991年，因其独特的设计与建

潘天寿纪念馆

无字碑

筑风格已被列入"20世纪中国建筑遗产名录"。纪念馆面积不大，与西湖只有百步之隔，每日里以其庄重静穆的气质、引人入胜的展陈，吸引着艺术人士前来朝圣，也吸引着普通观众源源不断地进内观摩。纪念馆进门右侧是一块几十平方米的草坪，在绿草的围绕中，细心的参观者会关注到一块一米余高的无字断碑，这块断碑象征着潘天寿受文化大革命迫害戛然而止的生命，让参观者在无尽唏嘘中回想潘天寿那刚健博大、勇于担当的艺术人生。

潘天寿的一生经历了近现代最为多灾多难的时期，清末民国时期的连年战火给他的生活带来无穷的颠沛流离。而全盘西化论的甚嚣尘上，对传统文化的彻底否定，更给他带来精神上的无尽忧患，依据清代顾炎武的观点，前者只是亡国之危，后者更可能是"亡天下"之险。在跌宕巨变的社会环境中，他与许许多多不甘于中国文化灭绝的有识之士，群起捍卫中国博大精深的传统文化，挽狂澜于既倒。他不仅在个人的书画实践上奋勇争先，以"一味霸悍"的气势、"强其骨"的精神、"宠为下"的追求，形成自己"高风峻骨"的艺术风骨，将汉唐博大雄浑的艺术风尚与明清文人画的笔精墨妙巧妙地熔于一炉。更为难能可贵的是，他继承中国文人治国平天下的理学传统，内心充盈着强烈的使命精神，将民族救亡与文化传承视为己任，在先后出任国立艺术专科学校、浙江美术学院（均为中国美术学院前身）校长期间，逆势而上，凭借自己的人格魅力与学术影响力，登高疾呼，率先恢复中国画系，实现人物、山水、花鸟画分科教学，首创书法篆刻专业。他招揽贤才，建构起中国书画最为强大的教师队伍，与他的同道们一起披荆斩棘，建立起完善的中国现代书画高等教育体系，使得传统艺术的学脉在中国美术学院这所最高艺术学府薪火相传，泽惠后昆。在强调文化自信、文化复兴的今天，我们愈加认识到潘天寿的文化和艺术价值，愈加怀念这位智者与勇者。

大师不平凡的一生，留下太多的话题，值得我们深入研究，用心学习。限于体例，这本小传远不能还原潘天寿人生中的所有细节，而只能提纲挈领，通过潘天寿各时期的一些代表性作品的解读，尽可能勾勒出他波澜壮阔的一生中最为重要的一些剪影。

第一章 ｜ 少年思拏云

家乡，对潘天寿来说到底意味着什么？

母亲的倏然离世，严父严师的督促教导，乡间田野的玩闹嬉戏和不务正业地偷学绘画……外界的风起云涌似乎波及不到这与世隔绝的桃源，直到潘天寿离开家乡，才算真正投身于翻天覆地的浪潮之中。

雷婆头峰

浙江省宁海县冠庄村，一直以来流传着这样一个传说。

冠庄西部群山之中，有名雷婆头峰者，立于牌位山以西，冠庄居民可隔山望之，忽隐忽现。

传说昔年冠庄之潭有九龙作祟，洪水泛滥，天庭雷婆不忍弃百姓于不顾，违天帝之命，私自下界除龙，天帝乃压石塔于雷婆头上，而成雷婆头峰，使其永不得归天。

幼年的潘天寿最喜欢听母亲讲神话故事、街谈奇闻，雷婆头峰的故事想必也是从母亲口中听说的。年少顽皮的他喜欢在田里山间嬉闹，当他抬头，视野穿过牌位山，便能看到那浑圆如少女发髻的雷婆头峰，那是母亲和大人们口中雷婆之所在，不知山下是否尚有老妪，或许是当年雷婆的化身呢。

宁海雷婆头峰

雷婆头峰成为潘天寿少年和家乡记忆的钥匙，实际上不仅仅是雷婆头峰，冠庄的群山万壑无时无刻不吸引着这个少年的身心。据蔡若虹回忆，1949年后潘天寿曾与其论及他对家乡自然环境的感情，颇为感慨：

> 我年轻的时候，喜欢往野地里跑。对着山，看半天；对着水，看半天。眼睛在看，心里在想，想那些和山和水有关的事情。其实，都是人的事情……我倒是和山水交上了朋友，和花草树木交上了朋友。有时一个人自言自语，人家说，你是在和石头说话吧！我说，石头就是我自家呀。

雷婆舍己为人、以死抗争的故事固然是传说，400年前同为台州府人的方孝孺，却是实实在在地存在，这位为了捍卫皇权正统而不惜被明成祖朱棣诛灭十族的文人，显示出台州人惯有的硬气，这种硬气同样充盈于潘天寿的血液之中，并贯穿于他的一生。

冠庄，在宁海县以北，离县城尚有5公里的路程。此地山林环绕，外出不便，远离时事，在交通不发达的时期，俨然世外桃源。

据潘天寿哲裔潘公凯所著的《潘天寿评传》可知，潘家在元初已迁来冠庄，并开枝散叶，成为冠庄的大姓，到潘天寿祖父潘期照时，家境逐渐殷实，买了二十多亩水田和山地，还造了房子。期间旧房子失火，又重新建造新房，名"又新居"。

潘天寿的父亲潘秉璋是潘期照的长子，字子陶，乳名达品，生于清同治十一年（1872年）。因潘期照不识字，遂寄希望于自己的两个儿子，期盼他们考取功名，光宗耀祖。潘秉璋也不负众望，二十岁便考取了秀才，成为冠庄有头有脸的人物。他又乐善好施，慷慨仁厚，颇有名望，于是被乡亲推举为冠庄乡董（即乡长）。

潘天寿的母亲周氏与潘秉璋同岁，是宁海西郊两水拱村右榜举人周熊飞的长女，家境也算殷实。光绪二十三年丁酉二月十二日（1897年3月14日），潘天寿作为潘秉璋与周氏的第二个孩子，第一个男婴，在"又新居"出生。潘秉璋十分欣喜，为他取名天谨，乳名守权。之后，周氏又生了一女一男，人丁兴旺，母亲对孩子们的爱也无微不至。

但母亲的温情陪伴，在潘天寿7岁那年却戛然而止。

幼年生活无拘无束的潘天寿，无法感受到外界的风云变幻，"数千年未有之大变局"不断激荡着传统的社会结构。在他出生的那一年，德国就"巨野教案"事件强占胶州湾，康有为据此第五次上书光绪皇帝请求变法。次年，变法失败，光绪皇帝遭到囚禁，而列强对中国之欺压剥削日甚一日。1899年10月，因不满基督教众的剥削，山东省冠县爆发教案，民众自发组织起来反对教会盘剥，并迅速升级到对一切外国势力的抵抗，打出了"天下义和拳兴清灭洋"的旗帜。义和团运动虽在1900年八国联军侵华后遭到清政府与列强的联合剿杀，但余息犹存。宁波的天主教会在宁海建立教堂，因宁海有教民夫妇在宗族中声称"只拜天主，不拜祖宗"，与其叔父发生冲突，教会神甫逼迫宁海知县干预其中为教民张目，因而激起了当地村塾秀才王锡桐的不满，他随即至县衙评理却被软禁。释放后，王锡桐成立"伏虎会"，1903年正式起义，毁教堂，杀洋众，一直与法国教会势力和清政府周旋，虽口号并不直指清廷，但依旧避免不了被两面剿杀的境地。在义军到达冠庄时，接待他们的正是潘秉璋。潘秉璋与王锡桐是同榜秀才，更兼潘秉璋对教会的胡作非为也早已恨之入骨，因此对起义大加支持。一时间，又新居里外挤满了义军，明晃晃的刀枪和嘈杂的人群，使得本来因生次子而得产褥热的周氏受到了不少的惊吓，病情更加严重，又担

百年巨匠
Century
Masters
潘天寿
Pan
Tianshou

心丈夫安危，不知是否会受到牵连，没几天竟撒手人寰。

年仅 7 岁的潘天寿第一次面对的巨大痛苦便是母亲的去世，除此之外，他并不明白那些闹闹哄哄的人群为什么聚集在他家里，也不知道为什么父亲会对他们如此厚待。有些苦楚，年幼的他还无法体会。此后，起义军被压制，法国的军舰开到了"家门口"，起义骨干被捕，王锡桐长子被杀，其本人逃遁他乡，官府本欲治罪于潘秉璋，无奈乡民向来感激潘秉璋的恩德而极力作保，加上潘秉璋也并未跟随义军烧杀，只是奉行招待之便，无太多瓜葛，也只能作罢了。

潘秉璋算是逃过一劫，但是随着周氏的去世，续弦黄氏、杨氏又相继病故，更兼潘秉璋亦无持家法门，使得家道渐渐中落。虽然如此，潘秉璋对于自己长子潘天寿的教育却从未落下，7 岁这年，潘天寿被父亲送入了当地的私塾。

当我们回望某位大师的一生，他们的童年经历到底对其产生了多少决定性作用，我们尚难以定义。奥地利心理学家弗洛伊德曾试图从精神分析的角度去探索达·芬奇的童年经历与他的绘画中女性形象之间的某种潜意识的关联。但弗洛伊德毕竟不是艺术史家，他的一些推测未免牵强。但是，我们不得不承认，一个人的年少经历，仿佛是在内心种下的一颗颗种子，许多深沉的，甚或是根深蒂固的想法，很可能在此时生根。潘天寿童年时对自然充满了热爱，让他在自己的艺术道路上从未抛弃过以自然为师。而正是在 7 年的私塾教育中，一种对传统文化的挚爱深深扎根在潘天寿幼小的心灵里，并成为他一生的坚持。

从 7 岁至 14 岁，潘天寿接受的完全是传统科举体系下的教育模式，学习的也都是齐备的理学经典。但我们并不能简单地说潘天寿的思维观念必然是理学式的，因为真正的理学体系毕竟太过繁复，7 年时间里潘天寿能够学习到什么程度我们无法判断，只能从他成年后的语录中寻找蛛丝马迹。再加上青年时期新文化运动对他们那一代人的影响力并不亚于传统的学习，潘天寿到底如何做出取舍，这些问题都要在后文中一一论及。

潘天寿的私塾先生是一个不折不扣的传统文人，名潘天道，虽然年岁比潘秉璋大，但却与小天寿同一辈分。潘天道先生处世率真、宅心仁厚、正直而倔强，如同鲁迅在《为了忘却的纪念》中形容柔石的那样：

> 他的家乡，是台州的宁海，这只要一看他那台州式的硬气就知道，而且颇有点迂，有时会令我忽而想到方孝孺，觉得好像也有些这模样的。

这种台州式的硬气与迂，也在潘天道先生身上体现出来。据当年潘天寿的同窗潘功恒回忆，潘天道先生一向不太爱生气，对学生严厉中透露出慈爱，但是却会因为一个学生将掰碎的铜钱扔到尿桶里而大发雷霆，因为铜钱背后是大清年号，他认为此举实属冒犯了一个"忠"字，而在正厅匾额下兀自忏悔教导无方。逢年过节，学生送礼拜年本是习俗常事，他却不论贵贱，一概不收。总之，是一位颇刻板却也可爱的先生。

但这位先生竟然迂腐到了不允许潘天寿画画。

潘天寿在私塾时期已经表现出了对绘画的浓烈兴趣，可潘天道秉持着的理论是，画匠与百工一样，君子不齿。纵有文人绘画的先例，潘天道也仍然不想让自己的学生沾染之。特别是，潘天寿找来临摹的都是些《水浒传》《三国演义》《七侠五义》的版刻插图，以及祠堂等处的装饰性山水、花鸟，这些更加深了潘天道对于绘画的鄙夷态度。再者，潘天寿年岁尚小，大人们只当他画画是玩乐的一种形式，除了画家的后代，谁还真指望自己的孩子以后拿绘画当饭吃？于是绘画在私塾教育体系下，成了一种"反叛"。潘天寿的画在同学之间是出了名的，临摹了英雄、草虫，不免送与伙伴们，这一来一回，总有被先生抓住的时候，为此他们的手心也没少挨板子。潘秉璋听说了儿子的"事迹"后，更因为他"不专心文章课事"而狠狠地责罚他。但这并不能挡住潘天寿的兴趣，甚至让他的画名远播"校外"，冠庄的一些杂货店、豆腐店、理发店，都有小天寿的"墨宝"。当然，大家单纯图个好玩，小孩子画的画，谁都不会拿它当真。

但是有件事情着实应该归功于潘秉璋与潘天道二位先生，他们培养了潘天寿对于书法的兴趣和热爱。传统哲学中的道德观念在魏晋时期便已融入书法中去，毕竟哪个文人能抛弃自己那杆写字的笔呢？因此，书法这种有利于道德修身的艺术，便成了私塾的重要功课之一。陆坚曾在《启发·鞭策·鼓舞 —— 访潘天寿先生》一文中记录了日后潘天寿对那个时期的回忆：

> 最初学写字是描红格，后来习老师所写的墨写映格，最后练老师所写的墨写空格。每天午饭后写一两页，整整地写了五年。老师对我写的字仅仅在习字簿上圈上几个红朱圈，从来没有告诉我字如何写，帖怎样习，历代书法家的名字也没有听说过，当然不会知道学字的常识，也不知道学字的方法，更不知道自己习了多年的字，有没有一些进步，缺点在哪里。但我还是欢喜写字。

这便是潘天寿的书法启蒙了。完全不知结体、布局，亦不知右军（王羲之）、平原（颜真卿），仅仅凭着潘天道先生依稀的书法风格，去辨认什么字是美的，什么字是丑的。很显然，潘天道先生也并不希望他们成为一流的大书法家，只是将来作为秀才、举人，为官作宰，甚至交际应酬，如果一手丑字，当然会让启蒙恩师面上无光。

但实际上，在潘天寿入学后的第三年，也就是 1905 年，清廷宣布从 1906 年起废除科举制，将教育与取材全归于学校一途。从此时起，旧式私塾实际上已经没有存在的意义了。我们并不知道当年潘天道等人闻知这惊天巨变是怎样的感慨，且社会上的观点也并没有那么统一。有的人为新式教育摇旗呐喊，有的人感叹世风日下，有的人茫然不知所措，学了十几年的"圣人之言"，竟一朝无用武之地了，有的人认为时下乃多事之秋，科举制度卷土重来也未可知，抱有一种观望的态度。但不管是出于什么原因，潘天寿在正式废除科举制后，依旧在私塾里继续学习。

期间，张之洞奏请创立的三江师范学堂于 1906 年更名两江师范学堂，并增设了多门学科，其中就有图画手工科，是我国之先例。当时各学校所聘用的，多是日本教师，或是留日学生。1906年浙江成立的浙江官立两级师范学堂，延请的教务长便是留日多年的经亨颐。而年幼的潘天寿尚且不知，他将与这所学校、这位校长结下不解之缘。

正学正心

1910 年，潘天寿终于以插班生的身份，被父亲送入宁海县城的缑中小学上学。缑中小学是初级小学，对于接受了 7 年私塾教育的潘天寿，未能直接进入高小的原因是多种新学课程必须重新补上。此时的初小用的都是上海出版的新课本，内容有格致、历史、地理、国文、体操、算术等，格致即科学刚刚引进中国时的称谓，所谓"格物致知"，是理学中的修身方法，通过观察客观世界来体悟天理，因此在中西碰撞的剧变期，"格致"成为接引"科学"观念的第一步。

这足以让曾经只在私塾里阅读四书五经的潘天寿大开眼界，更令他兴奋的是初小也开设了图画课和写字课，虽然师资并不强，但至少画画能够被看成一个正当的行为。潘天寿第一次走出家乡，眼前的一切使他既兴奋又好奇。也正是在此时，这个 14 岁的少年，许下了成为一名中国画家的愿望。

一天，潘天寿从纸铺买到了一本《芥子园画谱》，虽然是二手旧书，但他视如珍宝，这是他第一次真正接触到画学的大门。潘天寿回忆：

> 到城里入国民小学以后，买到了《芥子园画谱》，才知道画的范围很广，分科复杂。由分步的练习，到整体的组成，由简单的基础理论，到高深的原则，都是由浅入深，步序并然。于是，《芥子园画谱》就是我学画的启蒙老师了。并且

也逐渐懂得了诗文、书法、金石以及画史、画理与绘画有不可分割的联系。

自然，《芥子园画谱》在各类画谱书籍中堪为经典，不仅仅因为它对名家风格收集的广泛，更在于其绘画实践系统的讲解，属于画谱类书籍中最为详尽的。从各家笔法到置陈布势，尤其是布局章法的细致解读，让那些无缘从师睹画的业余初学者们获益良多。《芥子园画谱》的编写者沈心友、王概等人都有着一定的文学素养，让这本书不管是画论的叙述文字，还是图画所配的诗文，都远远超过了同时期的其他画谱。鉴于《芥子园画谱》的受众多是对文人绘画有所青睐者，此书技法之精微、搜罗之翔实、文采之斐然，就俨然成了最大的卖点。我们从《芥子园画谱》的出版情况就可略知一二。从1880年之后，《芥子园画谱》迎来了第二次的出版高峰，至1940年，共有27个版本，反映了晚清至民国以来对其需求之大。同时，《芥子园画谱》也在不断补充增添新内容，如海派名家的作品，都在增补之列，进而使其能包含更多的"时尚之学"。因而民国学画之人，多受其影响，尤其是那些并非出身绘画世家，少年时也没有受过系统绘画教育者。我们所熟知的齐白石、潘天寿，虽最早都依靠《芥子园画谱》起步，但凭借自己的天资与不懈追求，终破茧成蝶、自成一家。而尚有许多画家一生浸迷于《芥子园画谱》中难以突破，故有"画谱气"一说。

潘天寿获得此书，不仅仅使他的绘画实践有法可循，更重要的是，《芥子园画谱》使他初步建立起来一个对于中国绘画的系统性认知，即以文人画为视角的画史、画理、画法。文人画成为潘天寿心目中中国绘画的典型代表，虽然此时的潘天寿可能并不完全理解文人画的内涵，以及中国画史繁复的沿革。

自进入小学以来，潘天寿对画画更加"疯魔"了，他向来聪明过人，加上有私塾的底子，文化课基本不愁，因此课上课下大量的时间都交付给了画笔。同时，他的书法训练也没有落下，在半自学的状态下，其字也进入到了不一样的状态：

> 小学里仍有习字课，每周二小时。时间比私塾里少多了，可是老师仍和私塾里一样，不加任何指导。不过，当时城里的纸铺里有石印的字帖卖，黑底白字，令人喜爱。我就买了一本颜平原的《瘗鹤铭》和一本柳诚悬的《玄秘塔》来课余临摹。平时一有空，就到纸铺里去看看，若有新帖，总设法买到手。这样，我的习字才开辟了一个出乎意想的新天地。

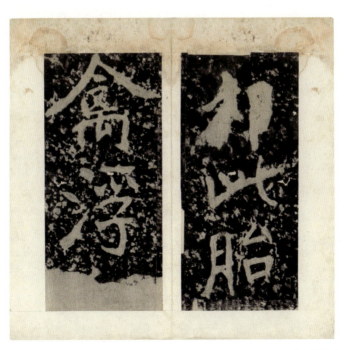

《瘗鹤铭》

《玄秘塔碑》

纸铺确实成了这个刚进城没多久的少年的乐园。与对画谱的临习一样，他对书法的审美也开始脱离了私塾先生的局限，真正地接受了最为纯正的典范的熏陶。柳公权的楷字为其打下了良好的规范而不至于误入歧途，《瘗鹤铭》的斑驳碑刻与六朝风骨，更是在潘天寿心里提前种下了对于金石"拙气"的欣赏，为他今后对金石派的吸收奠定了基础。

潘天寿的痴迷，也离不开亲人对他的支持。当然我们说的不是父亲潘秉璋，而是他的二姑潘彩金与二姑夫王灿英。王灿英是读书人家出身，去日本留过学，也颇为热爱传统艺术，二姑母因膝下无子，对这个侄子尤其疼爱。但潘天寿有时候为人处世也稍显固执了些，难以完全心安理得地接受姑母的接济，因此人称他"寿头"，"寿"与"授"同音，有时候二姑母也会喊他"阿寿"，但这个词从姑母口中说出却不带有任何的嘲讽，反而显得慈爱亲昵，潘天寿也渐渐习惯了自己的这个绰号，以至于后来成了他的本名。

潘天寿课余不常回"又新居"，平时住在学校的宿舍，一有空闲就往二姑母家去。二姑夫往往会将一些县级小名家的字画拿出来让潘天寿欣赏学习，虽然技法、境界难说上乘，但至少比曾经庄里的那些装饰画要强一些，同时相对于线刻的画谱，这些真真切切用毛笔勾画出来的画面，已经让他大开眼界了。除此之外，他经常借由姑父的人脉去探听谁家尚有遗存的古画或者祖先的名迹，若对方不愿带出让人观看，他就跑出一二十里路去看。当然，虽说是古画，但托名的不少，甚至不乏拙劣之品，潘天寿此时有了基本的鉴赏能力，并非囫囵吞枣，因此也不是每趟都能满载而归。但他的兴趣却极高，如同一个狂热的音乐家进入到了创作状态一般，从不觉得劳累和饥饿，凡有所闻，总是千方百计地想办法见见。

虽说是亲戚，可潘天寿还是难以张口向姑父姑母讨要零花钱，他对姑母一家并没有多少依赖，是一个很独立的孩子。父亲给的日用也并不多，仅仅足够食宿而已。他只能从牙缝中省下一些钱，作为自己的"艺术基金"。纸只能买一角钱一刀的土纸，就算是这种纸，他也极其小心，往往先用清水构思布局，胸有成竹后方才落墨。他用的墨也多是自制的，用煤块和锅底灰，自己摸索，沉淀加胶，反复捶打，最后竟然也做得有模有样。当然，笔也自制过，试过羊毛、兔毛、猪鬃等等。这些有趣的经历，虽然说起来是出于无奈，但也赐予了潘天寿一个非常宝贵的经验。往往一个画家的心手相应，一定程度上与画家对其媒介材料的掌握程度有关。很多画家会谈及纸张的性质与画面表现的关系，如金城的《画学讲义》中就有相当篇幅的介绍。还有一些画家自小掌握了对某种绘画媒材的制法，以至于对于媒材的种类、性质都了然于胸，运用自如，出名的如黄宾虹曾协助其父制墨，其后期对于墨色运用得炉火纯青，不能不说是受到了这段经历的影响。这种参与制造的过程，与绘画媒材的亲密接触，唯有"一心求道"者，方能体会出人与工

百年巨匠
潘天寿
Century
Masters
Pan
Tianshou

具之间交流的温度。我们从当下潘天寿留存的那些遗物中，会找到他小时候自己打磨、刻制的大砚台，这个砚台一直使用到了50年代初，如同老友一般陪伴着他。而对书画材料的熟悉，也伴随潘天寿的一生，在他后来进入大学任教后，开设中国画课程时，总是会先给学生讲解笔墨纸张的特性，因为这些材料与绘画效果密切相关。

1911年，15岁的潘天寿转入宁海县立高等小学堂就读。不久辛亥革命爆发，学校改称"宁海县正学高等小学"（正学高小）。所谓"正学"者，方正学也，也就是明初天下文人之首方孝孺，这个被姚广孝称为"杀孝孺，天下读书种子绝矣"的书生，被鲁迅称为"台州式的硬气"的典范，最终还是死于朱棣的刀下：

> 至是欲使草诏。召至，悲恸声彻殿陛。成祖降榻，劳曰："先生毋自苦，予欲法周公辅成王耳。"孝孺曰："成王安在？"成祖曰："彼自焚死。"孝孺曰："何不立成王之子？"成祖曰："国赖长君。"孝孺曰："何不立成王之弟？"成祖曰："此朕家事。"顾左右授笔札，曰："诏天下，非先生草不可。"孝孺投笔于地，且哭且骂曰："死即死耳，诏不可草。"成祖怒，命磔诸市。

又有传言说：当时朱棣问他"汝不顾九族乎"之时，方孝孺慷慨陈词"便十族，奈我何"，写下"燕贼篡位"四字。古代所谓"九族"者，父族四，母族三，妻族二，朱棣为了泄愤，硬生生地把方孝孺的师友弟子拢在一起，创了个十族，统统杀净。方孝孺死后，被偷葬在南京城南的雨花台，伴着他所坚守的王朝和信仰长眠，但远在他的故乡宁海，所有人从那一刻起都牢牢地记下了这个名字，并作为宁海永远的骄傲。"人不可有傲气，但不可无傲骨"，若是有人不理解这句话，那就回想一下当年方孝孺在殿上与朱棣的对峙，傲气终究没有战胜傲骨，而潘天寿也在此时深深明白了其中的道理。

在城里上小学期间，潘天寿第一次睁眼看到了这满目疮痍的世界。1911年，辛亥革命爆发，他听闻孙中山的革命主张，十分亢奋，剪去了自己的辫子，直接留了一个平头。这或许是他第一次体会到反抗压迫的滋味，可是，压迫就此便停止了吗？中华民国建立，内忧外患，外国势力的干预日甚一日，东边日本虎视眈眈，北方袁世凯复辟，后来又有张勋之辈扶持清廷复辟，革政权易，革人心难。但在这动荡的时代，纵千难万险，总有仁人志士，愿意为国抛头颅洒热血，不管是共和还是君主立宪，其目的却十分一致，这与"民族"之观念有很大联系。

中国自古并没有"民族"一词，当时我们说世界，往往使用"天下""万国"之类，我们是天下的中心，万国来朝。而在1840年之后，这种华夏中心观念被坚船利炮打破，"蛮夷"变成"洋人"，中国人应该如何对自己在世界上的位置给予定位呢？"民族"观念由此崛起，此词虽在《强学报》等处有过少量使用，但大规模的传播正是在20世纪初，也就是潘天寿接受小学教育时期，"民族""民族国家""民族主义"，这些词的出现是我们处在动荡的社会下，处在中国的去中心化，开始反省自己与世界的关系时，能够凝聚国民，组成真正的现代国家的武器。民族主义使得认同同一符号的群体构成社会共同体，而这个认同符号十分多样，既可以是人种，也可以是理念、文化。而所谓"民族艺术"，便成为这个大环境下催生的重要命题，即从艺术的角度去阐述民族的认同符号。

　　当然，此时的潘天寿尚没有能力完成这个重大的命题，但那种与方正学一脉相传的"台州式的硬气"，使他将傲骨融进了自己的观念中，绝不允许自己的民族成为别人的附属和奴隶。民族观念此时如同一个大容器，存放在潘天寿心中，等待着他为其赋予无尽的内涵与厚度，并在其后为之付出自身的努力乃至生命。

　　实际上，在潘天寿之前，已经有不少人开始有意识或无意识地探索这个问题了。在艺术领域，"中国画"一词的使用，代表了艺术家们开始注意到自己的传统绘画风格与西方风格之间的差异，如何对待这种差异？如何重新对自己的传统艺术定位？很少有艺术家能给予一个准确的答复。同时，在西方的冲击下，"进步"观随着社会达尔文主义进入中国，严复的《天演论》所谓"物竞天择，适者生存"，挑动着国人的神经。很多艺术家也开始从"进步"的角度审视传统，并逐渐将传统绘画风格视为国力积贫积弱的视觉代表。那种愤懑在社会中逐渐积压，等待着一场爆发。同时，还有一些艺术家秉持着传统绘画的观念，对待西方思想的侵入，持有一种旁观的态度，他们恪守传统，对传统画论、金石学进行全面的大整理，以抗衡外来文化。

　　另外，正是潘天寿进城入学的那一年，李叔同毕业于东京美术学校，接受了全面的西式艺术教育，归国后，他加入"南社"，与柳亚子创办"文美会"，与经亨颐、夏丏尊创办"乐石社"，并担任第一任社长。在校长经亨颐的力邀下，李叔同正式任教于浙江第一师范学校。

　　而潘天寿之后的命运，与这所浙江名校，与这两位名师有了诸多的勾连。

第二章 ——一师奠根基

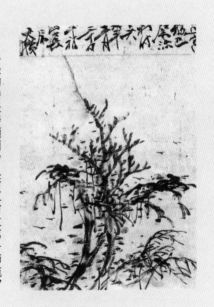

年轻的潘天寿顺利考入浙江省立第一师范，经亨颐、李叔同二贤的新式教育，不仅激励了潘天寿的艺术探索，也培养了他刚正不阿的气节与人格。

『经子渊、李叔同先生，主张人格教育，身教重于言教，对后学有深刻影响。』

一师贤者

姜丹书曾这样描述教育家、书法家经亨颐："性亢直，刚正不阿；豪于饮，时发天真佳趣；身颀瘦而挺拔，长颈方额，巨眼赭鼻，声昂昂，望而知其为卓然丈夫。"

现在，这位"卓然丈夫"，面对着风雅半生的李叔同。

李叔同向经亨颐提出了两个条件，满足之后才能前往浙江第一师范任教：

第一，教美术要有画室，画室要配上全部画架、石膏像等一应用具。

第二，教音乐须给学生每人配一架风琴，再加若干钢琴，师范生必须人人会弹琴。

这在当时穷困潦倒的中国，几乎是无法实现的愿景。岂料经亨颐一口应承下来。作为好友，他知道李叔同的才华能够给"一师"带来什么，若是这些便能将李叔同留下，值了！

经亨颐实现了他的允诺，唯独风琴实在凑不了太多，只有200架左右，李叔同没有计较，欣然上任。

丰子恺在《李叔同先生的教育精神》一文中，曾回忆当年"一师"的情境：

> 然而说也奇怪，在我所进的杭州师范里（即现在贡院前的杭州第一中学的校址），有一时情形几乎相反：图画、音乐两科最被看重，校内有特殊设备（开天窗，有画架）的图画教

室，和独立专用的音乐教室（在校园内），置备大小五六十架风琴和两架钢琴。课程表里的图画、音乐钟点虽然照当时规定，并不增多，然而课外图画、音乐学习的时间比任何功课都勤：下午四时以后，满校都是琴声，图画教室里不断地有人在那里练习石膏模型木炭画，光景宛如一艺术专科学校。

这都是在李叔同来到"一师"之后才出现的，据夏丏尊说，在李叔同来之前，学生们完全不重视图画、音乐两科，"在他来到后就忽然重视起来"。但我们要思考，为什么经亨颐、李叔同会对音乐、图画如此强调？他们的最终目的是什么？

民国初年，教育体制大改革时期，年轻的有志学子们无一不梦想着放眼世界，开拓新局，或者声名鹊起，名利双收，不管如何，经世之学永远是让人青睐的，至于图画、音乐，可谓是"无用之学"了。况且，对图画、音乐的灵魂感知，要有导师的极为精妙的引导，往往这样的导师十分难寻。

恰巧李叔同就是这样一位导师，他并非以图画、音乐之高超技法折服于人，而是他的高尚人格，夏丏尊说：

> 只要提起他的名字，全校师生以及工役没有人不起敬的。他的力量全由诚敬中发出，我只好佩服他，不能学他。

夏丏尊对李叔同人格的佩服，体现在一件学生宿舍的财务盗窃案上：

> 有一次宿舍里学生失了财物。大家猜测是某一个学生偷的，检查起来，却没有得到证据。我身为舍监，深觉惭愧苦闷，向他求教；他所指示我的方法，说也怕人，教我自杀！他说："你肯自杀吗？你若出一张布告，作贼者速来自首，如三日内无自首者，足见舍监诚信未孚，誓一死以殉教育，

果能这样，一定可以感动人，一定会有人来自首。这话须说得诚实，三日后如没有人自首，真非自杀不可。否则便无效力。"这话在一般人看来是过分之辞，他说来的时候，却是真心的流露；并无虚伪之意。我自惭不能照行，向他笑谢，他当然也不责备我。

这种说法若出自别人之口，尚不能让人信服，可出自李叔同之口，却使人颇有高山仰止之感。这不禁让人想起明末清初殉国的儒士和日本的武家，在东亚文化中，自杀本身是一种仪式化和理想化的行为，孔子说："志士仁人，无求生以害仁，有杀身以成仁。"其后演变为一种为了信仰而"献祭"的行动。三十多岁的李叔同，早已经度过了那种风花雪月的"少年名士"阶段，此时的他，是一位怀抱着儒家式理想的教育家，并常常痛感自己感化力的不足，他的床头摆放着明末大儒刘宗周的《人谱》来提醒自己时刻不忘正心修身。据此，以人格教育为重的李叔同，正是希望通过音乐和图画，达到对学生高尚人格的真正培养，将之成为人格修身的必备功课。

自然，怀抱着这一崇高理想的人不止李叔同一个。

但是我们先要回过头去，看一下潘天寿的处境。1915 年，对于潘天寿来说，是自己人生的一大转折点，不亚于当下年轻学子的高考。这一年，潘天寿从正学高小顺利毕业，却面临了父亲的压力。

潘秉璋希望潘天寿回家种地务农，不要再学习了。

这对于立志要成为中国画家的潘天寿而言，无异于晴天霹雳。

但是潘秉璋也非常无奈，饱读诗书的他缺乏持家的能力，再加上没有贤内助的帮扶，家境一天比一天落魄，实在是供不起潘天寿读书了。

潘天寿知道自己只剩下一条路，就是去师范学校。当时的公立师范，学生是不需要交学费和食宿费的，几乎相当于免费学习。因此，考取省内的浙江一师，成为潘天寿继续学业的救命稻草。

正学高小的老师们知道潘天寿勤勉好学，对他非常喜爱，听闻潘秉璋的决定，也纷纷来到家里规劝其父，不要毁掉一个好苗子。潘秉璋经不住劝，且儿子确实争气，便松口了："考得取，继续念书。考不取，回家改业。"

唯一的机会，没有任何"复读"的可能，潘天寿迈入了浙江一师的考场。他的忧国忧民的慷慨文章，打动了阅卷老师，加上其他各科成绩不错，潘天寿以总分第二名的成绩顺利地被浙江一师录取。

潘天寿在浙江一师时的作文《时势造英雄论》

潘秉璋终于默认，宁海县城已经容纳不下潘天寿的志向了。

浙江一师绝对是青年潘天寿的天堂，这里的学习氛围和师资力量，给予了他莫大的满足。经亨颐与李叔同都是书法大家，二人的魏碑，书风刚劲，堪为典范，且经、李二师的人脉中，卓然大家者不在少数，这是潘天寿第一次在艺术道路上看到了一座又一座的巍峨高峰，与在宁海的环境，已不可同日而语。

但也并非都那么尽如人意，潘天寿虽敬仰李叔同高山仰止的人品，但是对他带来的西式画风却不太感兴趣，甚至还有着些许的排斥心理。李叔同的图画课不论其设备，还是理念，在全国均是数一数二，素描、水彩、油画、写生，无所不包，而且大胆地使用了人体模特，当然基于国情，他折中只聘用了男模特，即便如此，就已经有点中国先锋派的架势了。在这样的图画课上，潘天寿往往交作业最早，并不是因为他的画技多么纯熟，而是因为对素描的排线很是不耐烦。他以前所接受的绘画观念总是教导他所谓"一笔定凹凸"，而素描却是强调线条的混成，笔笔合作而见凹凸，这在传统绘画看来实际上大可不必的事，成为图画课上的主修。因此潘天寿的作业经常画得极为"潦草"，李叔同自然也没有给他很好的分数。课外李叔同举办的洋画研究会"桐荫画会"，潘天寿没有参加；李叔同带领同学们外出写生，潘天寿也经常不去。李叔同并不会对潘天寿的选择有何微词，毕竟人各有志，何况他也不是对传统艺术一窍不通的人。

在一师任教期间，李叔同与经亨颐、夏丏尊及校内外友人有志于金石者，仿效先贤结西泠印社之事，创"乐石社"以继之，并招揽一师学生，有此好者皆可参与，潘天寿自然非常积极。经亨颐书法得力于《爨宝子碑》，李叔同临写北魏碑刻极佳。潘天寿

百年巨匠
Century
Masters
潘天寿
Pan
Tianshou

受他们的影响，也开始在"二爨"和北碑上下功夫，并经常携习作向经、李二人请教。同时，他也能受到校外名家如马一浮、张宗祥、余绍宋等人的指导。在自习室里，若见到一个桌子摆满了笔墨纸砚的，那定是潘天寿的位子无疑了。另外，乐石社也给他提供了一个学习篆刻的绝佳平台。在宁海期间，若说书法尚有书帖给予规范，那篆刻之道几乎等同于无依无靠地盲目前行了。既无评判标准，又有求新意的野心，难免剑走偏锋。潘天寿曾请经亨颐看过自己的篆刻作品，与其期望相反，经亨颐对其近期作品评价不佳，而对于早期的"工整呆板"之作颇为赞赏，认为先学汉印才是正途。潘天寿便重新拾起汉印，潜心摹刻，两相比较，竟大有长进。

但是对中国画的学习，依旧没有一个真正的指导老师给予帮助。虽说中国传统有"书画同体"之说，且经、李二人对潘天寿的书法教育，确实增进了他的笔力，而对于实际的绘画实践，李叔同并不擅长传统绘画，经亨颐会画但不专，教劳作的姜丹书可以给予一些指导，却也有限。无奈，他又开始重操旧业，一面临习《芥子园画谱》中的历代风格，一面开始往校外跑，这次他的目标是杭州的各家裱画店。裱画店为了招揽生意，往往将其装裱整齐的字画悬挂于厅堂，以彰显其技艺之高超，其中既有古画，也有当下所作，而杭州各行家里手们，其作品无不是要经过裱画店走一遭，店主亦往往好客，喜欢招待爱画懂画者于店内小聚，自然也有招揽生意之便利。潘天寿遂成了杭州大小各家裱画店的常客，他这个人的个性，耿直到有些木讷，往往在裱画店内，不多与旁人交谈，看到自己喜欢的佳作，便久久赏析不肯离去。

如此的痴迷，让潘天寿的书画之名在校内渐渐传开，大家都

百年巨匠
Century
Masters
潘天寿
Pan
Tianshou

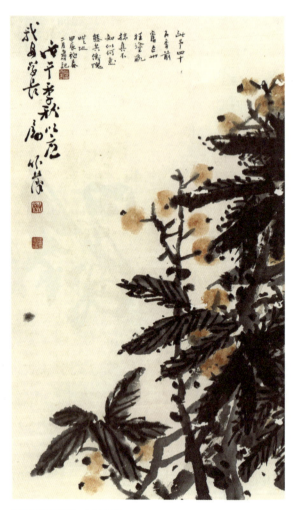

《设色枇杷图》1918 年

知道这个像愣头青一样对写意风格极其执着的青年，有着惊人的天赋和精力。很多同学会拿着宣纸找潘天寿求字索画，而他来者不拒，毕竟他根本没有多少财力供自己去享受用宣纸作画的待遇，这种机会实在是双赢。当然潘天寿作画依旧非常小心，胸有成竹之后方才落笔，写字也是用自己有把握的字体，以保证自己一次成功，因为浪费掉的宣纸他是赔不起的。

　　现存的潘天寿最早的几幅画作就是他在一师期间的作品，从落款上看，多是为同学们的应酬之作，且集中于临近毕业的两年，这时潘天寿在绘事上已经显现出了自己的信心。

《设色枇杷图》应是目前所见最早的潘天寿画作，此时距他考入一师已经三年。画面为对角线构图，主体安置在右边的三角中，与之相对的，是左边的大片空白，以及为了平衡构图而添加的两行落款。此幅画的安排并没有什么新意，这种直白的虚实对比手法是普通画家早已玩惯的把戏，但细看此画中的线条，我们依旧能感受到书法训练对于这位年轻画家的影响。整体来看，线条的运用稳健而沉厚，得力于颜真卿与北碑。有趣的是，潘天寿晚年重新看到了自己这幅青涩之作，颇为感慨，遂又补题一款，把年轻的自己调侃了一番：

　　此余四十五年前旧作也，狂涂乱抹，真不知似何意态矣，

惭愧无地。

显然，潘天寿对当年那个"狂小子"的要求实在不低。可字里行间，不知潘天寿是否又回忆起当年，虽"惭愧"地太过，但是一个"狂"字，确实活灵活现地描写了青年潘天寿的心态。

我们再看两幅当时所绘的山水。

《疏林寒鸦》与《晚山疏钟》皆是1920年潘天寿毕业前后的作品，也是

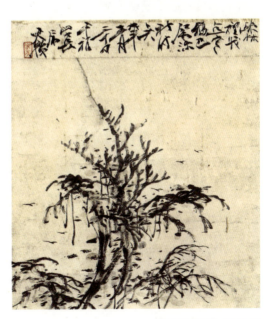

《疏林寒鸦》1920 年

百年巨匠

Century
Masters

潘天寿
Pan
Tianshou

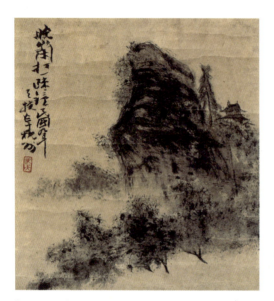

《晚山疏钟》1920 年

研究潘天寿早期山水的珍贵文献。两幅画题中皆有一个"疏"字，不仅仅是内容和意境，也是形式的"疏"。对此的处理，潘天寿是运用枯笔干墨，以散锋为之。《疏林寒鸦》用涩笔勾勒光枝秃干，天空飞过的几只寒鸦更加强了萧瑟的意味，以意象创造"疏"感。《晚山疏钟》则以纯粹散笔涂抹，近树和远山之间若隐若现地留白，扩大了画面的空间感，观者仿佛能听见山上寒寺传来的隐约的钟声。"晚山闲打一疏钟"，时空环境、音声心境，都在这小小的画面中得到表达了。

但以传统绘画的标准来看，潘天寿此时对于"疏"的境界理解似乎还是流于表面，那种刻意为之的散笔几乎可以被归结到疏狂的地步（尤其是《晚山疏钟》）。但同时，我们在这些画作中，看到了不一样的味道，即那种时时刻刻想要冲破传统的劲头。那种莽撞，虽然稚嫩，但蕴含着无穷的活力。

激荡年代

这种莽撞和冲劲不光存在于潘天寿一人。社会上的抗争意识酝酿多时，终于在 1919 年彻底爆发。1919 年 5 月 4 日，基于巴黎和会上北洋政府的外交失败，北京爆发了声势浩大的学生运动，并迅速波及全国。伴随着五四运动，"革命"的观念在文化界铺展开来。吕澂在《新青年》杂志上发表了《美术革命》一文，代表了一个新时代的到来：

> 呜呼！我国美术之弊，盖莫甚于今日，诚不可不亟加革命也。革命之道何由始？曰：阐明美术之范围与实质，使恒人晓然美术所以为美术者何在，其一事也。阐明有唐以来绘画雕塑建筑之源流理法（自唐世佛教大盛而后，我国雕塑与建筑之改革，也颇可观，惜无人研究之耳）。使恒人知我国固有之美术如何，此又一事也。阐明欧美美术之变迁，与夫现在各新派之真相，使恒人知美术界大势之所趋向，此又一事也。即以美术真谛之学说，印证东西新旧各种美术，得其真正之是非，而使有志美术者，各能求其归宿而发明光大之，此又一事也。使此数事尽明，则社会知美术正途所在，视听一新，嗜好渐变，而后陋俗之徒不足辟，美育之效不难期矣。

吕澂的期望是十分全面的，在《美术革命》一文中，他责备的是当下的庸俗绘画，特别是那些上海画家所画的月份牌仕女，吕澂痛斥其为"艳俗"。因此，吕澂的"美术革命"，实际上更偏向于"趣味"的变革，通过传递美术的知识，普及中西美术发展的渊源，培养民众高雅的欣赏能力。但在陈独秀回复吕澂的文章中，矛头一转，直接指向了风格问题：

若想把中国画改良，首先要革王画的命。因为改良中国画，断不能不采用洋画写实的精神。

所谓"王画"，即文中多次指责的王翚（王石谷），实际上就是以王翚为代表的清初正统派绘画。按照陈独秀的观点，正统派的绘画没有写实精神，是变本加厉的写意。且只是在"复写古画，自家创作的，简直可以说没有"。

这种指责从某种意义上是不成立的。因为"革命"的思想中所蕴含的强烈的"进步"观念，在近现代之后才传入我国，并与中国传统的道德思维模式结合，成了一种道德式的、直线式的向目标演化的观念。而在中国传统中，是没有所谓的"进步"观念的。"常变"观念勉强与之接近，但所谓的"变"，是不同，是个性，且总会有一个"常"在规范着，而不是进步观中的一种线性模式。况且，并非传统绘画思想都支持"变"的说法的，因为传统绘画，尤其是文人绘画，他们创作的目的并不是展示个性，而是一种道德修身的体悟方法，传统道德标准则成为他们的至高目标，为了达到那个境界，模仿前人不失为一个很好的办法，因为他们不仅是模仿前人的风格，也是在体悟先贤的道德，以期自我完善。因此，以进步观念去要求四王，那四王确实是可打可杀的了。陈独秀的话，显然比吕澂的主张更有卖点，当然也由于陈独秀当时风行全国的影响力，"进步"就成为美术界的重要观念。伴随着文学上的白话文运动，思想上的反礼教，四王成为代表陈旧传统的视觉语言，一并被列入打倒的名单。

对传统风格的反动只是美术革命的一个角度，更深层次的是美术的社会功用发生了巨大的变化。自"美术"一词的传入至1919年以来，美术一直被认为是以一种"发扬真美"的方式构建民众的公共道德。1919年以后，一种社会革命的思潮铺天盖地而来，不管是信仰马克思主义还是三民主义的团体，都以"革命"为其奉行终身的目标，"革命"成了中国人心中的"新道德"。与之相对应的，"艺术"一词改变了其原本的"技艺"含义，逐渐囊括"美术"中的美的观念，并包含了当时的革命观，取代"美术"而成为潮流。在我们分析潘天寿的语录时，"艺术"一词已经司空见惯，而"美术"一词则趋向于专门学科的指代而寥寥无几。对"艺术"观念的接受，是潘天寿这一代画家的共同特征。因此我们可以在早期潘天寿的画作中发现，即使其风格是传统的，却依旧展现出强烈的逆反倾向，在潘天寿身上有一种神奇的纠结，一位学习传统风格的画家，同时又是不折不扣的新青年，这种纠结在潘天寿之后的思想中展露无遗。

可这愈来愈激进的年代，却再也无法激起李叔同内心的波澜。1918年农历七月十三，李叔同于虎跑寺正式出家，这给予了包括潘天寿在内的一师师生以极大的震撼。这件事原本是有预兆的，也就是前一年的下半年，学生们发现这位颇有儒士风范的老师，忽然之间开始手持佛珠，发心食素，师生们都觉得他是要以居士身份修持。岂料过了一年，李叔同先是受了三皈依，有了法名"演音"和号"弘一"，没过多久便剃度了。据夏丏尊回忆，此事缘起于一次断食活动：

有一次，我从一本日本的杂志上见到一篇关于断食的文章，说断食是身心"更新"的修养方法，自古宗教上的伟人，如释迦，如耶稣，都曾断过食。断食，能使人除旧换新，改去恶德；生出伟大的精神力量。并且还列举实行的方法及注意的事项，又介绍了一本专讲断食的参考书。我对于这篇文章很有兴味，便和他谈及，他就好奇地向我要了杂志去看。以后我们也常谈到这事。彼此都有"有机会时最好把断食来试试"的话。可是并没有作过具体的决定。至少在我自己是说过就算了的。约莫经过了一年，他竟独自去实行断食了，这是他出家前一年阳历年假的事。他有家眷在上海，平日每月回上海二次，年假暑假当然都回上海的。阳历年假只十天，放假以后我也就回家去了，总以为他仍照例回到上海了的。假满返校，不见到他，过了两个星期他才回来，据说假期中没有回上海，在虎跑寺断食。我问他："为什么不告诉我？"他笑说："你是能说不能行的，并且这事预先教别人知道也不好，旁人大惊小怪起来，容易发生波折。"他的断食，共三星期。第一星期逐渐减食至尽，第二星期除水以外完全不食，第三星期起，由粥汤逐渐增加至常量。据说经过很顺利。不但并无苦痛，而且身心反觉轻快，有飘飘欲仙之象。他平日是每日早晨写字的，在断食期间，仍以写字为常课。三星期所写的字，有魏碑，有篆文，有隶书，笔力比平日并不减弱。他说断食时，心比平时灵敏，颇有文思，恐出毛病，终于不敢作文。他断食以后，食量大增，且能吃整块的肉（平日虽不茹素，不多食肥腻肉类），自己觉得脱胎换骨过了，用老子"能婴儿乎"之意，改名李婴。依然教课，依然替人写字，并没有什么和前不同的情形。据我知道，这时他还只看些宋元人的理学书和道家的书类，佛学尚未谈到。

从这次事件以后，李叔同便"魔怔"了，特别喜欢在虎跑寺小住，与那里的僧侣关系密切。此时，宋明理学的书他只偶尔一读，道家的书已然抛弃，开始潜心修佛。李叔同好律宗，这或许与之前对刘宗周理论的喜爱有关，其修身方法都是严格律己的。可夏丏尊感受到了恐惧，因为他与李叔同交情颇深，有几次李叔同想要离开一师，都因他的苦苦挽留而作罢，友谊之深可见一斑。夏丏尊非常后悔，当初就不应该挽留他在杭州，或许也就没有这种修佛的念头了。夏丏尊担心李叔同因信仰离朋友而去的恐惧与日俱增，李叔同却常以佛法安慰夏丏尊，引得本就苦闷的夏丏尊脱口而出一句气话："这样做居士究竟不彻底。索性做了和尚，倒爽快！"李叔同却仍是笑颜。没想到他终究是剃度在莲台下，夏丏尊问他："不是说暂时做居士，在这里住住修行，不出家的吗？"李叔同却笑着回应："这也是你的意思，你说索性做了和尚……"之后，李叔同也常在人前感慨与夏丏尊的缘分："我的出家，大半由于这位夏居士的助缘。此恩永不能忘！"

李叔同出家还不到一年的时间，大家还没有从惋惜中走出来，经亨颐又要离开了。

先是，五四运动以来，浙江学子响应号召，以浙江一师为中心，成立了杭州学生联合会，潘天寿同班同学宣中华被推为理事长。浙江省议会决定压制学生势力，开始减免一师学生所享受的公费，一师学生不满于这些政客的招摇过市，加之《新青年》等进步刊物的流传，一师也办起了自己的刊物《浙江新潮》，以宣扬新文化运动以来的思想。1919 年 11 月 7 日，《浙江新潮》第二期刊登了浙江一师学生施存统撰写的《非孝》一文，主张用家庭中的平等的"爱"来取代传统家庭不平等的"孝道"，从根本上推翻家庭制度，建设一个新的社会。这自然引发轩然大波，当局者视其为大逆不道的邪说，下令取缔《浙江新潮》。《浙江新潮》虽然被迫停刊，但得到各界进步人士的大力支持。陈独秀就发文鼓励一师师生"就是报社封了，也要从别的方面发扬《少年》《浙江新潮》的精神，永续和贫困及黑暗奋斗，万万不可中途挫折"。

一师校长经亨颐对学生们的活动一清二楚，并给予了大力支持。他允许学生自治，成为继北京大学之后，全国第二所试验学生自治的学校。随之，经亨颐进行了教学改革。将国语课要学习的儒家经典全部废止，转而让学生们进行白话文的学习，选读摘自《新青年》的文章，并聘请陈望道、刘大白、李次九和夏丏尊作为新派教师。这些动作，自然使得当时浙江省的省长和教育厅长将其视为眼中钉、肉中刺，急欲除之而后快，他们下令解聘这四位新派教师，经亨颐置之不理。

接着，经亨颐接到了他们的调令，将其调入教育局作"临时顾问"。

经亨颐当然明白这其中的猫腻，既然无法管理一师，那也不会去受他们的窝囊气，他提交了辞呈。

一师学生怒了，他们拒绝新校长上任，在省政府门前请愿，并联系全国各高校的学生组织，以及梁启超、蔡元培等有影响力的人物，向省长及教育厅长施压。而与军警对峙的一师学生们，丝毫没有退让的意思，事情越闹越大，颇有"宁为玉碎，不为瓦全"之势。

此时省长齐耀珊和教育厅长夏敬观成了众矢之的，这种场面他们也收拾不住，万一再在浙江闹起一场"五四运动"，更无法向惊魂甫定的北洋政府交代。于是，齐耀珊做出了妥协，虽然经亨颐还是坚决辞职，但是继任的校长姜琦却继续贯彻了他的改革。

一师最终赢了，但也到了潘天寿将要毕业的日子了。

新文化运动让本就带着"反叛"精神的潘天寿开始自觉思考国家和民族的出路。学校的各次活动，他并没有置之度外。1919年12月，在一次反日游行集会上，学生们与军警发生了冲突，潘天寿此时就站在学生队列的前排，他是高年级学生，应当做出表率。更多的时候，他思考、担心国家与民族的命运。从他幼年起，王锡桐的起义、方孝孺的不屈、孙中山的革命、新文化运动的反传统，交织在他的脑海中，一代又一代的抗争，可终究，世道还是那个世道。如今，他即将投入这前路未知的世道中，到底应该何去何从呢？蔡元培曾说：

> 纯粹之美育，所以陶养吾人之感情，使有高尚纯洁之习惯，而使人我之见、利己损人之思念，以渐消沮者也。盖以美为普遍性，决无人我差别之见能参入其中。

蔡元培的思想得益于康德，在他看来，审美存在的意义在于通过对纯粹之美的感知，人们获得了道德上的熏陶，并进入最高的道德境界，也就是蔡元培提倡的"人道主义"。基于此，蔡元培于1917年在《新青年》发表了他的《以美育代宗教说》，随着《新青年》的流传，潘天寿接触到了蔡元培的美育思想并深深为之折服。世道之乱与人心之乱互为表里，欲救世道，先救人心，欲救人心，则非美育不能胜任。本来就要投身于艺术的潘天寿，在蔡元培的号召下，定下了更为详细的目标，他不仅要寻求民族艺术的未来，还要寻求人心之未来，如此，就非要去当美术教师不可了。

> 高尚之艺术，能使人心感悟而渐进于至真、至善、至美之境地；美育，为人类精神自我完成之重要一端。

我们也相信，潘天寿之所以选择教师这个职业，除了蔡元培"美育"思想的指引，一师的两位贤者——经亨颐与李叔同，都成了潘天寿一生难以磨灭的榜样。在潘天寿的晚年书斋中，一直悬挂着李叔同与经亨颐的手书，以深深自勉。

他说："我这一辈子，是个教书匠，画画只是副业。"从此，笃定了目标的潘天寿，终其一生投身于美育，矢志不渝。

但现实总是残酷的，刚刚毕业的年轻学生，总要经历一番打磨，此时，家中的情况已不允许潘天寿再"浪迹天涯"了，前一年，父亲潘秉璋为潘天寿寻了一门亲事，妻子名姜吉花，十分善于操持家务。潘天寿已是成家之人，万事先要为家庭着想，基于此，他以一名教师的身份，重新回到了宁海县城的正学高小。

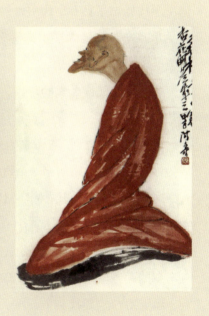

接受了新思想的潘天寿无法忍受再次躲回曾经的桃源，他毫无顾忌，横冲直撞，最终投入当时艺坛泰山北斗——吴昌硕的门下。但是他很快发现，掌握吴昌硕风格之精髓并非艺事之终点，而是另一个开端。

牛刀小试

回宁海前，潘天寿特地拜访了一个人。

他只长潘天寿一岁，但是经历甚丰。1912 年 16 岁时，便创办了上海图画美术院，即后来的上海美术专科学校，并担任校长，这所学校标志了具有现代美术教育理念的新式学校的诞生。他的作品也在全国范围内展出，观念激进，受到蔡元培的关注，颇有声望。

潘天寿像他这么大的时候，还在正学高小艰难地汲取着仅有的艺术养分呢。

他也未曾料想到，这位名为刘海粟的艺术家、艺术教育家，将成为他走向美育之路的第一个贵人。

据刘海粟在《往事依稀怀阿寿》中回忆，是时因办学校，刘海粟常常在杭州逗留，在丁家山有一座别墅。潘天寿正是去那里找他的，结果去了两次都没有碰上。潘天寿也是锲而不舍，特地嘱咐刘海粟的勤务员让刘校长千万等他一下，这样才有了见面的机会。

潘天寿一定要找到刘海粟，因为他明白，自己虽潜心艺术多年，终究不是科班毕业，有"业余"的名头压着，难以全然施展抱负。上海美专向来以思想开放、理念先进闻名，潘天寿心向往之。便抱着试试看的心态，带着自己的作品，以赢得这位年轻校长的另眼相看。事实证明，他也确实做到了。刘海粟回忆说：

> 他随身带着几幅画，一看画，我就高兴，他的画气魄很

大。一张是牛，半身的，一张是鹰，有一股野气，他那个时候的画，好像有点高剑父岭南派的技法影响。当然高剑父的画也是很好的，现在像高剑父这样功夫的人还没有。所以一看，我就高兴。我是很直爽的，我说："你在这里不行啊，到上海来怎么样？"他只是笑笑，说："好、好。"

看得出，刘海粟对此时潘天寿的绘画风格是颇为欣赏的，并不是因为潘天寿具有多么深厚的传统基础，而是其画中凸显出的一股"野逸"，以及其中蕴含着的不断求新的愿望。这与刘海粟的激进观点不谋而合。现在我们已经无从考证潘天寿当年带去的两幅画的具体内容，从刘海粟的口中，我们可知较为接近于岭南画派的风格，我们只能说这种风格或许是潘天寿初期尝试的其中之一。且即使亲和岭南，但其中潘天寿的个人狂野气质必然很是明显，也使他的画作与岭南画派拉开了距离。

刘海粟爱惜潘天寿。但很可惜，家里的条件使潘天寿暂时无法抛妻别子前去上海求学，他只得收拾行装，又回到了曾经的起点——宁海县城，并于正学高小寻得了一个教职。

宁海的偏僻落后，让确立了高远目标的潘天寿异常苦闷。正学高小虽然有栖身之所，但难以长久。新文化运动的思想对于此地的人来说似乎是天外之音，学校对于艺术教育也远远不够重视，因此潘天寿不仅教授图画，也顺带兼着国文和算学。学校里没有人能够与他探讨绘画的得失，大家会基于潘天寿这个名校才子的大名前来索画，奉承之语必不可少，但潘天寿想要的绝不是这些。

上完课后，他经常把自己关在教师宿舍里。宿舍一人一间，没有其他的打扰和顾忌，可以任凭潘天寿安放他孤寂的心灵。整个宿舍里贴满了自己的习作，他常常一个人默默地思考，仿佛是自

百年巨匠
潘天寿
Century
Masters
Pan
Tianshou

《济公与象》1922 年

己最为严厉的批评者。当他觉得满意时，会高兴地吟诗，不满意时，就毁掉自己的作品重新再来。如此大量的创作，自然用的还是土纸，且经常正反面皆画，有索求者来时，方有一二宣纸可以挥毫。

宁海时期的作品有所留存，虽然不多，但是仍能看出潘天寿此时的取向。

据潘公凯先生所考，这幅画面上方稍有残缺的《济公与象》，脱胎于《芥子园画谱》中的一帧，潘天寿将其扩大而来。人物与大象都背朝观众，略去面部刻画。大象的身体如同宽阔的山石横亘在画面中央，济公瘦削的身体被挤到一边，二者之间形成强烈的反差。行笔大胆，提按顿挫明显。大象的身体用淡墨略作晕染，强化其厚重敦实的感觉。画面传达出年轻的潘天寿强烈的表现欲望和充满野逸的气息，与浙江一师时期一脉相承。

可以看到，潘天寿内心深处破局的希望实际上是与新文化运动有所关联的。但他与其他破局者不一样的地方在于，潘天寿依旧希望从传统自身找到革新的力量，这种选择可以暂时缓和潘天寿身上存在的矛盾，即上一章说到的作为传统风格的画家竟存有反传统的倾向。这种极富表现力的野逸线条，从传统审美的角度来说，可能接近于狂怪，但是潘天寿将之作为自己的准则，并很大程度上认为其是破局关键，因为在这个时期的画作包括题款的风格中，我们可以非常直观地感受到潘天寿对这种笔法寄予的殷切期望。而将这种期望寄托在线条表现上的做法，也能看出《芥子园画谱》中的线条感对潘天寿产生的影响。当然，这种养分的摄入，潘天寿将求之于"正统画史"的对立面，他把视角转向了以狂放野逸著称的明代大书画家徐渭。

创作于 1921 年的《紫藤明月》，从画面右上角起笔，向左下角蜿蜒生发，充满着内在的活力。我们还难以明显看到当时流行的金石趣味线条的影子，与其几年后的线条风格并不一致。可以说，此时的潘天寿跳过了海派与扬州画派，企图直追天池道人徐渭。背景的颜色确实突出了月夜的光辉，却也同时掩盖住了紫藤枝叶墨色的微妙变化，在这一点上，潘天寿显然不及徐渭。目前，他对于前人的学习，很大程度上是对个人气质的一种崇拜，而并不侧重其风格产生的前因后果，形成一种画史的意识。故而，他也就很难去理解为何四王的山水曾经会占据那样崇高的地位。

《紫藤明月》1921 年

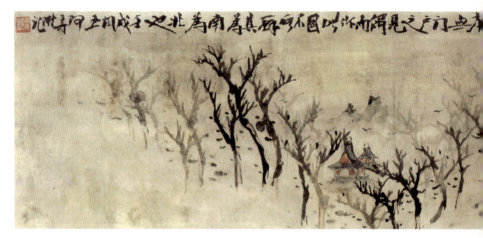

《古木寒鸦图》1922年

这个少年放出自己的豪言：

> 唐王右丞曾作《古木寒鸦图》，为南派之始祖。余于作画，素无门户之见，故不暇辨其为南为北也。

这是他在自己作品《古木寒鸦图》上的题款。他先就此画题给予了分析，并与被奉为南派始祖的王维产生联系。但话锋一转，说我即使是学习王维，但并不因为他是南派之祖才学习他，相反，我的学习没有门户之见，所以我并不关心王维是南宗还是北宗这样的问题。

这种对于南北宗论的批评，在当时其实并不新奇，很多传统主义画家都表达过类似的看法，有的比较推崇马夏之辈，认为北宗较南宗多变，最易学习。有的会上溯至青绿山水，认为青绿乃是真景，这都是从某种意义上，在传统画学的内部，开始反对董其昌至四王建立起来的正统趣味。实际上，潘天寿比前代传统主义画家们还要"过分"，他们对南北宗论的不满是有限度的，根本上还是坚持南宗而掺入北宗、青绿，他们保留着的对四王，尤其是王

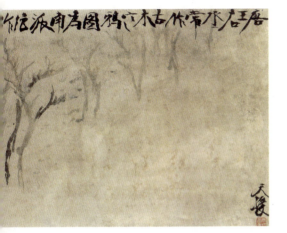

翠的热爱，在年轻的潘天寿手中，已所剩无几了。当然，这样下去，中国近代史上或许会出现一个放荡不羁的逸格画家，但是相应的危险也就隐藏在其中。对传统风格的浅显认识，让潘天寿的画风演变缺少了坐标和考量，反而会空有一身能力而无的放矢。

可现在，潘天寿还没有遇到，也没有意识到这样的危机。在这个偏僻的小城中，其视野之局限可想而知，有志同道合者就已经可以让他喜出望外。宁海期间，潘天寿常与当地的文人士绅交流，以诗画互赠，俨然一副传统文人集会的样子。像宁海的乡绅徐抚九，以及潘天寿曾经的同学应端蘷，都与之过从甚密。据应端蘷之弟、后来也成长为著名画家的应野平回忆，潘天寿经常在他家与其父兄谈论艺事，兴之所至，常挥毫泼墨，且此时潘天寿已经有了好作大画的习惯。

但此地并非长久之处，潘天寿一门心思想走出去，与潘秉璋的矛盾也日渐尖锐，起初是因为潘天寿的妻子姜氏。

对于这位妻子，潘天寿的感情是复杂的。他接受了父亲安排的这门包办婚姻，也与姜氏育有一子一女，但均不幸夭折。再加上姜氏文化程度很低，虽然持家有方，但与潘天寿之间却没有任何感情基础和灵魂交流的可能。

潘秉璋无法理解自己的儿子。在他看来，姜氏作为贤内助，其各个方面堪称完美，为什么偏偏儿子就是不中意，对儿媳逐渐冷淡以至很少回家。传统乡土社会的夫妻关系，此时遇到了自由恋爱的新观念，互相都看不顺眼。

于是，潘天寿干脆离开了宁海，逃离家庭。

1922年春，潘天寿一师的同学朱绍先、王岁南、陈维源询问他是否愿意到孝丰县的高小教书。孝丰县在杭州城的西北，临近天目山，有苕溪穿过，虽也属县城，但环境优美，又是当时名震全国的海派名家吴昌硕的家乡，艺术氛围相比宁海自然浓厚许多，再加上几位老同学的加持，潘天寿巴不得第二天就前往孝丰任教。

我们不知道潘秉璋对于潘天寿离开宁海前往孝丰的态度，不过，自此以后，潘天寿便很少回家与之见面，父子二人的关系降至冰点。他困苦的心情亦可从其作品中找到端倪。

我们已经无法考证《一身烦恼中写此秃头》确切的创作地点到底是宁海还是孝丰，潘天寿这幅创作于1922年的作品，笔下的老衲形象与画面布局，如奇崛的人物开脸，金字塔般的人物造型，都已经呈现出风格成熟之后画风的一些端倪。但透过画面，不难看到此时的潘天寿胸中郁积的烦恼：父子、夫妻的家庭矛盾？孩子王的工作劳累？缺少名师指点的氛围？抑或兼而有之？表现于画面中，是粗率的衣纹用笔、率直的落款，甚至老僧面前的袅袅上升的香烟，都似乎诉说着内心的烦躁。而26年后创作的《达摩图》，就显示出其内心的强大和沉稳。达摩依然呈金字塔形端坐，石青打底的身体稳若泰山。两相比较，如果说前幅呈现的是青年潘天寿内心的躁动不安，后幅则体现了潘天寿精神思想、绘画技法的内在连贯性，以及心如止水的沉静。

可幸的是，憋闷坏了的潘天寿在孝丰还算如鱼得水，教学的积极性也高涨了起来，据说他的备课笔记叠起来有一大捆。课余

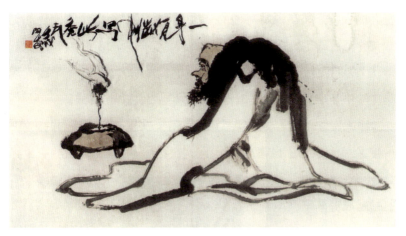

《一身烦恼中写此秃头》1922 年

《达摩图》1948 年

时间相较宁海也丰富了许多，他经常与友人一起畅游山水，谈艺
论道，不亦乐乎。此时潘天寿的创作进入了一个小高产期，他早
年的野逸风格也逐渐纯熟并颇具风貌。1922 年的暑假，潘天寿与
好友沈遂贞在孝丰县的一字楼举办了一场书画联展，这是潘天寿
第一次举办自己的画展，沈主书，潘主画。

　　沈遂贞是诸乐三的舅舅，在孝丰的吴昌硕门下圈子中也是个

百年巨匠
Century
Masters
潘天寿
Pan
Tianshou

出名的人物，吴昌硕曾对他的书法大为称赞。还有个戏剧性的记载，说吴昌硕虽赞之，但像唐代画圣吴道子评价弟子卢楞伽一样，他认为从字迹上看，沈遂贞的寿命并不能长久，想必多是因其风格冷峻中得来的，而沈遂贞不久果然早早而亡，一言成谶。

潘天寿之前没有见过吴昌硕先生，但在孝丰县文艺圈的一切，似乎又都沾染上了吴昌硕的影子。加之他潜心艺事，更醉心于徐渭一派，与吴昌硕门下趣味甚为贴合，于是在孝丰县期间，潘天寿的卓越表现渐渐被吴派门人留意。

前来参观一字楼展览的就有这样一位。此人名杨植之，虽比潘天寿年纪小些，但入门早，是吴昌硕的得意门生，其画几可乱吴之真，故常为吴昌硕代笔。他也并不避讳于此，反而常常把吴昌硕的私印挂在腰间炫耀。

这是一个骄傲的才气逼人的年轻人，也甘愿成为吴昌硕的影子。

但这个影子，也不由地折服于潘天寿。

他发现，潘天寿绘画涉及的范围非常广泛，徐青藤式的花鸟、梁楷式的人物，以及由此二者延伸出的萧散的山水寒林，无不透着一种统一的野逸和冲劲，汇集在潘天寿的心性之中。

这种野逸和冲劲，最终砸开了潘天寿与海派之间的最后一堵墙。

1923 年，潘天寿终于怀揣着远大的志向，启程前往上海，那里是海派最大的"根据地"，也是各种先锋艺术的大本营。

缶翁意气

上海的教职是潘天寿一师时期的生物老师向他推荐的，并非是上海美专，而是一家女子工校，那里正好缺一个教绘画的老师，课程非常轻松。潘天寿并不挑剔，暂时也没有资格挑剔，他欣然接下了这份邀请，带着自己满腔的抱负，挑着简单的行李，踏上了前往上海的旅途。

不积跬步无以至千里，不积小流无以成江海。

命运总是眷顾潘天寿，在女子工校教书没多久，他就被好友诸闻韵引荐到了上海美专，虽然开始只是做一些抄写讲义的活计，但很快这位淳朴憨厚、专心绘事、专业基础优秀的年轻人就引起学校老师们的关注。不久后，潘天寿任教上海美专的国画实习课，成了上海美专的教师之一。此时距离求访刘海粟已经过去三年了。

上海美专现在完全凭着刘海粟一人之力在苦苦支撑，虽然这所学校是当时国内最先进的美术专科学校，但实际上上海民众并不怎么买它的账。美专多接收上海当地的学生，但报名人数一直不多，再加上刘海粟总是不肯妥协，按他自己的说法，就是"要和别人斗争的"。他自诩为"艺术叛徒"，专门干一些外人看起来离经叛道的事情。但

20 世纪 20 年代的潘天寿

从美术史的角度去看，刘海粟是包容而稳健的，他的上海美专既能容纳大洋彼岸的艺术，也能深究本土的传统。刘海粟回忆：

> 阿寿到上海，几个月以后就来美专教课，他一来就是教师，就上课，上中国画习作课和中国绘画史课。一方面因为他画画很好，一方面他是师范出身，能讲课，有的国画家能画不能讲，所以我就请他来教国画。当时诸闻韵比他大几岁，资格老些，又很用功，画也不错，是国画系负责的，但诸闻韵天赋不及阿寿。

那时，美专迁到了新租界的婴雪堂，这里曾经是个棺材铺，因为划租界的缘故，做不下去了，空出来的房子很宽敞，便租给了美专。历史上第一个中国画系便在这里筹办了起来，主力便是刘海粟手下的几员大将——诸闻韵、王一亭，以及后起之秀潘天寿。

对潘天寿而言，1923年是意义非凡的。这一年，他不仅来到了上海这个国际化的大都市，更重要的是，他终于结识了海派泰斗吴昌硕，这位大师曾经是他难以望其项背的存在。

吴昌硕此人确实有一种非凡的魅力，让他的学生后辈，他的赞助者，他的观众，他的友人为之疯狂，为之五体投地。日本人对吴昌硕的风格也极为称许，那时候，吴昌硕一幅字画在日本能卖到一百两之多。不仅有钱人喜欢他，自诩视金钱为俗物的文人墨客们也喜欢他，这就是吴昌硕的魔力。

我们此时或许应该回头说一说海派。自明末清初以来，四王的风格被清廷供奉为华夏正统，就容易形成中央与地方的分野。尤其是明末的遗民、仁人志士、不甘于依附清廷者，往往在其他的风格中寻找出路和寄托。他们的生存，便时常依靠地方士绅和政治长官的资助。在中国，士绅的力量是极为庞大的，因此在富

百年巨匠

Century Masters

潘天寿

Pan Tianshou

庶的扬州地区，那些家财万贯的士绅，以及从商而富的新兴贵族们，成为在野画家作品的主要购买人群，这种关系从明末至清中期，逐渐由隐而显，形成了以扬州为中心的画派。他们对自己的作品明码标价，甚至形成如同商标一样的高度个性的风格，赋予其作品新的价值，前代文人画的含蓄性只能生存于小圈子内，一旦圈子扩大，向社会展开，其含蓄性也会适当地进行调整，甚至反向打破。

这种模式下形成的绘画流派，必然会随着经济重心的转移而转移。对中国内部而言，京杭大运河是沟通南北漕运的要道，而作为枢纽的扬州，从隋代以来，一直繁荣至清末。但鸦片战争打响，作为通商口岸的上海，因其东临大洋汇通全球，借助长江可直通大陆腹地，一夕之间，成为首屈一指的国际化大都市。同时，随着旧社会系统的破裂，士绅进入到公共政治空间，成了新的政治和经济权贵，他们的聚集地之一 —— 上海便成了广大画家理想的栖身之所。

当然，海派之所以能在美术史上有立足之地，并非只是赞助者们的青睐导致的，从艺术本身的角度而言，海派与前代画派，甚至关系最近的扬州画派都拉开了距离。从扬州画派以来，对正统山水的偏好肉眼可见地降低，反而注重花鸟与人物的创作，这种倾向在海派更为明显。被潘天寿称为"前海派"的任伯年就是一个典型。但是，任伯年兼工带写的风貌并没有成为海派后期的发展重点，反而是金石趣味更胜一筹，影响了一大批的传统主义画家，直到今日。

这便要说到缶翁的功绩了。在吴昌硕之前，从清初考据学兴起，到古文字碑刻融入书法之中，金石学派已如日中天，并结合前代传统对"拙"的推崇，衍化成为一种称为"金石味"的艺术趣味，即行笔线条似刀刻石般的厚重，又有时间风化后的斑驳感，这些与二王体系下的线条所形成的对比，成为传统自身内在发展的重要力量。他们将二王以来的程式风格视为"孱弱"，并以"有力"回应之。自赵之谦始，这种金石趣味开始"入侵"绘画领域，更以吴昌硕集其大成。

但这一切却始于一次巧合。吴昌硕早年以篆刻、书法为业，并无致力于画学的想法，虽有画作，亦为自娱。但多与书画大家来往，画理畅通。其友任伯年，一日招吴作画，本意为闲暇玩乐，没想到吴昌硕一下笔，自成品格，任大惊大喜，便极力怂恿吴学画。认为吴之笔墨现在已远胜于自己。任伯年之劝诫十分恳切："子工书，不妨以篆籀写花，草书作干，变化贯通，不难其奥诀也。"吴昌硕一定程度上也遵循着任伯年的思路，终成大家，并很快盖过了任伯年，其名头一时无两。或许是任出身职业，吴为秀才的缘故，在当时的画坛，终究还是文人作画的受众面更广泛一些。

1957 年，潘天寿曾对吴昌硕的风格进行了高度的评价：

> 昌硕先生的绘画，以气势为主，故在布局用笔等各方面，与前海派的胡公寿、任伯年等完全不同。与青藤、八大、石涛等，也完全异样。如画梅花牡丹玉兰等布局时，不论横幅直幅，常常从左下面向右面斜上；也间有从右下面向左面斜上；它的枝叶也作斜势，左右互相穿插交叉，紧密而得对角倾斜之势。尤其欢喜画藤本植物，如紫藤、葡萄、南瓜、葫芦等等，或从上左角而至下右角，或从上右角而至下左角，奔腾飞舞，真有蛇龙失其天矫之概。他的题款并多作长行，以增布局之气势。可说独开大写花卉画藤的新生面。

另外，吴昌硕的用色也与前人甚为不同，尤其是西洋红的运用，使其作品异常的富丽华贵，其艳而不俗的地方在于，西洋红的颜色深沉，与其整体的金石味相映成趣。但同时，他又坚持着前代对于用色的看法，认为"作画不可太着意于色相之间"，强调用色如用墨，在颜色中多少会掺入一些墨色加以中和，更重要的是，用色之笔与用墨之笔完全相同，不是平涂，而是笔笔见笔，这使得他的颜色不会成为墨笔的附庸，呈现的最终效果依然在最大程度上地体现笔墨功夫。

不管怎么说，自吴昌硕风格成型之后，便迅速成为海派的标志。其门下聚集了大量的学徒，都不遗余力地对吴昌硕进行临仿，并以肖似吴昌硕为最高荣誉，前面说到的杨植之便是典型。

如今，潘天寿正怀着忐忑的心情，站在北山西路吉庆里 523 号门前，这里是吴昌硕的府邸。

潘天寿之所以能拜见吴昌硕，得力于诸闻韵和刘海粟的引荐。尤其是诸闻韵，他是吴昌硕的外甥，也是吴昌硕子女的家庭教师，关系极为密切，力度自然不同凡响。吴昌硕此时已经八十岁了，潘天寿只不过才二十七岁。潘天寿后来回忆说：

> 那时候，先生的年龄，已近八十了；身体虽稍清癯，而精神却很充沛；每日上午大概作画，下午大概休息。先生平易近人，喜谐语；在休息的时间中，很喜欢有朋友和他谈天。我与昌硕先生认识以后，以年龄的相差，自然以晚辈自居，态度恭敬；而先生却不以此而有所距离，因此谈论诗画，请益亦多。

潘天寿与吴昌硕的第一次见面，便意想不到地顺利。前文谈及潘天寿因反传统特质形成的野逸画风，导致他对于传统中的边缘人物徐渭风格的吸收，一定程度上与海派亲和。且潘天寿在一师期间，多练北碑，更是金石学派所极力推崇的，能使笔墨之间，有刀刻斧斫之神。当然，这些特质在吴昌硕门下弟子中也并不缺乏，甚至可以说是吴派的入门基础，但是吴昌硕却格外看重这个年轻的"野小子"。

或许是一种破局的劲头，一种不甘落于他人窠臼的决心，让吴昌硕对潘天寿另眼相看。吴昌硕有很多弟子，但往往巨树之侧难有巨树，大师的弟子，被大师风格所掩，就难以跳出其中。潘天寿底子很好，又勤学苦练，更为重要的是其志不在毫厘而存千里。故而，吴对潘表现出了超乎于其他弟子的喜爱。

潘天寿对于吴昌硕老先生对他的赏识也颇有点受宠若惊的意思。一次，潘天寿找吴昌硕请益，从画说到诗，吴昌硕午睡刚醒，兴致颇佳，两人聊得尽兴。第二天，吴昌硕特意写了一副集古诗句的篆书对联送给潘天寿，上下联是"天惊地怪见落笔，巷语街谈总入诗"。潘天寿说：

> 昌硕先生看古今人的诗文书画等等，往往不加评语；看普通晚辈的诗文书画，只说好，也往往不加评语；这是他平常的态度。他送给我的这副篆书集联，自然是奖励后进的一种办法。但是这种奖励的办法，是昌硕先生平时所不常用的。尤其他所集的句子，虽系出于褒奖勉励，实觉得有些受不起；也更觉得郑重而可宝贵。

和潘的姑妈一样，吴昌硕也很喜欢叫这个年轻的后辈为"阿寿"，可能是潘天寿耿直的性格，总会让人有类似的联想，潘天寿干脆慨然接受，把名字"天授"直接改成了"天寿"。

可此时，潘天寿的野逸画风第一次遭受了规劝。潘天寿自忖天分不差，其野逸画风也受到了许多人的认同，觉得传统绘画也不过如此，"对于古人的'重工夫、严法则'的主张，特别加以轻视"，飘飘然有"列子御风"之感。

一日，潘天寿画了一幅山水，十分满意，便兴冲冲地前往吴昌硕处。不料吴昌硕并不像前几次那样的兴致勃勃，嘴上只是说好。第二天，诸闻韵拜访潘天寿，交给了他一首吴昌硕昨晚写成的长篇古体诗《读阿寿山水障子》：

龙湫飞瀑雁荡云，石梁气脉通氤氲。

久久气与木石斗，无挂碍处生阿寿。

寿何状兮顾而长，年仅弱冠才斗量。

若非农圃并学须争强，安得园菜果蓏助米粮。

生铁窥太古，剑气毫毛吐。

有若白猿公，竹竿教之舞。

昨见画人画一山，铁船寒罄飞仙湍。

直欲武家林畔筑一关，荷簣沮溺相挤攀。

相挤攀，靡不可，

走入少室峰，蟾蜍太幺麽，遇着吴刚刚是我。

我诗所说疑荒唐，读者试问倪吴黄。

只恐荆棘丛中行太速，一跌须防堕深谷，寿乎寿乎愁尔独。

吴昌硕语气婉转，但言词之中，对潘天寿的担忧远远大于对他的欣赏。潘天寿太着急了，对于有着旧式文人情节的吴昌硕，这种过于迫切的破局情节，不仅无益，而且有害。诗文的最后，吴昌硕谦虚地说：若我的看法尚属不可信，但年轻人，曾经的风流人物倪瓒、吴镇、黄公望，决非浪得虚名之辈，他们若看你的作品，又会有什么评价呢？阿寿呀阿寿，不是不让你去闯，你的劲头是很好的，但是，深谷可能就在不远处，你若急于求成，最后的结果可想而知。

我们再细致地分析一下吴昌硕的担忧。在文人画兴起之后，凡有绝顶地位的画家，无不是优秀的美术史家。他们对自己之前的画史体系，都有着自己的建构，建构相似者往往因志同道合而成为一派。在这种建构下，他们会形成一种对于自我的定位，不管是风格上，还是观念上，他们清楚自己建构的画史中所凸显的历史性问题，以及应该在何种风格的基础上进一步演变。因此，在文人画的世界中，对某一种风格和笔法的应用和相应的变化，都代表了其背后的一系列史观的阐发，从而构建绘画中的历史感。这往往是很多职业画家和二三流的文人画家所没有的。正因为如此，文人画才自视有极高的艺术优越性，并认为通过这种方法，不仅能达到艺事的巅峰，而且能达到道德的理想境界。这种思想在四王的手中，生成了一种程朱式的正统，也就是从王维、董源谱系流传下来的元四家。而反对正统者，也是在充沛的史观基础上另行阐发，从没有完全抛弃一切传统的情况，在贡布里希看来，这种情况也是不可能发生的。

因此，年轻气盛的潘天寿便遇到了这个问题。对传统，他并不是忽视的，但是他受到条件限制，毕竟没有深入地研究过传统。他只不过是在传统中找到了符合自己当下趣味的风格进行学习，但没有认识到这种风格是如何形成的，地位如何，优劣如何，也没有对其他风格进行系统的了解，即使那些风格并不中意，甚至惹人反感。

这话若是旁人说与潘天寿，心气甚高的他未必肯听。但德高望重的吴昌硕是他最为崇敬的恩师，迎头棒喝与声声劝诫如锥刺股，让他自惭形秽。从此，潘天寿开始了新的转变，从信马由缰逐渐开始收敛。

首先，便是对大师风格的深入学习，潘天寿首先选择了吴昌硕。毕竟，活大师就在眼前。

《秋华垂湿露》是潘天寿1923年的一幅花卉作品，我们将之与吴昌硕的经典风格进行比较，可以看出不管是笔法还是构图，甚至落款的字体都有着惊人的相似。两幅作品皆为纵向构图，题款紧贴左半边缘，并作为整体画面效果的一部分，如同是画面笔法的一种直观展示。潘天寿此时虽极力模仿，但尚有很多不足。相对而言，潘天寿笔力稍微逊色，与吴昌硕相比，其石与花枝都难以撑起此画的骨架，其线条的力量感也有很大的提升空间。潘天寿的用色也过于小心，导致他的作品色墨有相混的倾向。

当然，这些缺点都是与海派的顶尖人物对比而显现的，实际上并不公平。在潘天寿这样的年纪，以他的学艺环境，能达到这种地步，除了天赋异禀，也找不出其他的理由了。特别是画面中由右向左倾泻而下的菊花，更流露出潘天寿打破平衡的决心。我们从同年的《拟缶翁墨荷》中可以看出潘天寿学习吴昌硕已经达到了一个怎样的程度。

但在接受了吴昌硕的批评后，潘天寿并没有打消他的逆反求新的念头。在通过天资迅速掌握了吴昌硕的风格和扎实的金石基础后，他又开始了新的破局之旅。这次的目标并不是传统，而是当下的吴昌硕。

新奇的是，他的破局之法首先是重新引回自己曾经的野逸风格，这种野逸在某种程度上被吴昌硕否定过，若是一般画家就不敢再对此有所坚持了。潘天寿不一样，他就敢反其道而行之。野

《秋华垂湿露》1923 年

吴昌硕《菊石图》

逸的东西，在吴昌硕的风格中没有，在传统中居于边缘，但谁又能肯定它就不会在未来更加流行呢？

　　这幅作于 1924 年的《老僧参禅》，老僧的衣纹处理使用了吴昌硕的画石法，但将之用于衣纹，却是潘天寿新创，与前一年的花鸟作品比较，其线条的进步已不可同日而语。另外，落款字体虽仍是吴派面貌，但其行笔更加迅捷，而不是吴昌硕的沉郁浑厚，早年的野逸像佐料一样，被潘天寿谨慎地创造性地掺入吴派风格之中，试图找到自己的本来面貌。

同时，野逸的呈现并不仅仅在限制线条的表现上，而且也可以从技法方面下手。潘天寿将目光投向曾经接触过的一种新技法——指墨。

指墨的渊源虽然只追溯到清代的高其佩，但是其精神却可以与唐宋时期的逸格画家遥相承接。张旭醉后以头发写草书，更有张璪烟云泼墨之法，甚则信手涂抹，而天然图画，明代浙派吴伟承其后绪。清代铁岭人高其佩梦中想作画，而身边没有作画工具，情急之下，以手指沾着盆中的水画了起来。梦醒以后，他幡然大悟，创造了指墨画艺术。但高其佩的指墨法，画史上总以奇淫巧技视之，难登大雅之堂。潘

《拟缶翁墨荷》1923 年

天寿早年接触过几位指墨画艺人，对指墨的技法有所了解。与笔不同，指墨需要指甲与肉的结合，形成不同的线条效果。这种处理与潘天寿想要追求的野气不谋而合，并形成一种对于金石趣味的另类阐释。潘天寿在 1949 年后曾对自己涉猎指墨画有过详细的阐述：

指头作画，与毛笔全不相同，有其特点，亦有其缺点。特点在指头之运墨运线，具有特殊之性能情趣，形成其特殊风格，非毛笔所能替代。故指头画，漏机于张文通，创成于高铁岭，至今不废，以此也。其缺点在运用指头时，欲粗欲细，欲浓欲淡，大不如运用毛笔为方便。弃便从难，有人谓为"好奇"，或谓为"不近常情"，非无因也。然予作毛笔画外，间作指画，何哉？为求指笔间，运用技法之不同，笔情指趣之相异，互为参证耳。运笔，常也；运指，变也。常中求变以悟常，变中求常以悟变，亦系

《老僧参禅》1924 年

钝根人之钝法欤！

从潘天寿 1924 年所作的《垂杨系马》的指墨画中，可以看到曾经存在于寒林中的野逸笔法又一次复活，但相比于之前更加有力，整体布局成熟，疏密得当。配合画风，落款的字体虽保留了吴体的影子，但更加放纵。在指墨画形式中，潘天寿的限制明显少了很多，他不是从吴体中找寻出路，而是试图将吴体的精华纳入到这个未曾兴盛过的艺术形式之中。

这往往是吴派门人所不敢设想的。但是吴昌硕表现出了开明的态度："阿寿学我最像，跳开去又离我最远，大器也。"吴昌硕对他的包容赋予了其进取的决心和动力。从此，潘天寿跳开吴昌硕，进入到一种理性的反传统阶段，潘天寿的矛盾并没有被吴昌硕解决，要突破这一层，只能靠潘天寿自己。

《垂杨系马》1924 年

百年巨匠

Century
Masters

潘天寿

Pan
Tianshou

潘天寿、诸闻韵合作《吴昌硕八十寿像图》 1923 年

　　1923 年吴昌硕八十寿辰之际，潘天寿与诸闻韵合作了一幅吴昌硕的画像，诸闻韵以高超的写实技法作面部，明暗表现极其到位，潘天寿则以金石笔法勾勒衣纹和蒲团，其中既有吴昌硕金石笔法的趣味，又有潘天寿自身的野逸，表达了他对于恩师的最高敬意。

对画史的研究能给予其全新的答案。承还是逆反，成为其当时的纠结所在。他希望，是对潘天寿而言，事情并非那么简单，究竟是继对传统的反叛浸在『新青年』的骨子里，但

撰修画史

作为全国首个成立中国画系的院校，上海美专的教学工作正在如火如荼地展开。加上潘天寿，教师队伍中还有诸闻韵和王一亭，诸闻韵属于常任教师，王一亭只是经常来上一些示范性的课。潘天寿晋升很快，文员没干多久，就担任实习教师，其实主要是因为教师队伍太缺人才了。此时，潘天寿辞去了上海女子工校的职位，专心在美专教学。

在新型教育模式下展开中国画的教学，这是此前从未有过的事情，完全是摸着石头过河。唯一有参考价值的是古代的师徒传授方法，但是传统的师徒传授，老师说得少，画得多，学到多少主要靠学生的悟性，尤其是文人画，"玄妙"的东西总是充斥在教学模式之中。而现在，要让几个二三十岁的小伙子把这些精髓完完整整地讲明白，实在不太容易。

而且潘天寿、诸闻韵等人所接受的都是传统文人画的思想，自然不会像职业画工那样，仅仅教授技法便了事。一切文人画家该具有的素养，他们是都要涉及的。幸亏学生也不是很多，师生之间的交流密切，每次课堂便像极了一场场雅集活动。

画史画论，是极不可缺的一门课程。刘海粟也为这事犯愁，很多老先生能画不能讲，这是旧式艺术教育留下来的通病。但同样的，之前也并没有所谓的美术史课可以借鉴，这些年轻人，每走一步都是时代之先，因而也愈发艰难。刘海粟询问潘天寿可否承担这门课程，潘天寿毫不犹豫地答应了。潘天寿回忆：

> 上海为全国名画家集中之地，当时吴缶庐、黄宾虹、王一亭诸前辈都在上海，真是人才济济，我敢去就任这些课程，真是"初生之犊不畏虎"。我原想进上海美专学习中国画的，事隔经年，竟进了美专教中国画，这使自己飘飘然有列子御风之慨，现在回想起来真是可笑之至！

所幸，潘天寿面对的并不是一片荒凉地带。1923 年，陈师曾去世，但他的思想以文字的形式留存了下来，其中就有一本《中国绘画史》。之前，日本学者中村不折、小鹿青云写作了一本中国绘画史，陈师曾翻译了此书，并在此基础上，完成了这本画史，作为当时北京艺专的讲稿。另外，郑昶（午昌）于 1921 年在杭州任家庭教师时，就已经有了写作中国画史的想法，1922 年来到上海之后，便开始着力于对《中国画学全史》的写作。同时，留学日本的滕固于 1923 年暑期在上海美专开展了艺术理论的课程，并于1924 年东洋大学毕业后任教美专，并试图撰写《中国美术小史》。就这样，短短的几年时间里，上海汇集了当时中国美术史写作几乎所有的力量。

对于一本画史而言，重要的在于作者以怎样的学术视角对历史现象进行分类和解释，这里涉及几个问题，一是时代的分期，二是对画史的态度。对于潘天寿而言，这两者都需要他的细致考量。潘天寿一生三次写作画史，而每次画史的修改，都代表了潘天寿艺术思想的变化。

作为潘天寿参考的中村不折、小鹿青云的绘画史，其分期实际上延续了中国传统的历史分期法。如张彦远在《历代名画记》中言"上古之画，迹简意淡而雅正。中古之画，细密精致而臻丽""近代之画,焕烂而求备。今人之画,错乱而无旨"。张彦远不仅将画史分为上古、中古、近代和今人,也按照儒家的退步史观,对每个时代分期做出了判断。中村不折、小鹿青云的绘画史摒弃了这种退步史观,但是分期依然类似,分为"上世期、中世期、近世期"。陈师曾承续传统,将之分为"上古史、中古史、近世史"三篇。在1926年的《中国绘画史》中,潘天寿继承二者,亦分为"上世史、中世史、近世史"。

潘天寿对二者的继承不仅体现在分期法上,在内容上,1926年的《中国绘画史》基本也沿用了两者,如对南北宗论的态度,对各代画家的评价等等,甚至直接引用原句。但相应的,潘天寿很难被称为一位纯粹的传统主义者,他对传统的反叛,虽受到吴昌硕的规劝,但我们也看得出来,他学吴又立刻脱吴,正是受到反叛价值的影响,包括反叛传统与个性解放。因此潘天寿基于其传统主义立场,不会像新青年激进派一样彻底抛弃传统,但对于如何在一定程度内反叛传统的思考从未停止。在画史写作中,我们可以看到他对于画史边缘人物的同情,如同样是评价明清绘画,潘天寿对浙派的态度明显更为积极。

另外,值得我们注意的是1926年这一版中的附录《书画同源论之不可据》,这是一篇很奇特的文章,学习传统风格的画家潘天寿竟运用西方的艺术心理学对中国"书画同源"说进行了质疑,同时也质疑了陈师曾和自己在美术史正文中对"书画同源"的论断。此时的他在研究中也带着一股子野气,即使在画史的整合中,也要寻找到对传统画史的质疑点,甚至不惜推倒自己曾经的看法。他在文章最后说到东方人的习性和头脑是哲学的,不是科学的,因此对"书画同源"的问题"难有妥切的论断",因此不妨用西方

1926 年版《中国绘画史》封面

的研究方法来看待中国的艺术研究问题，我们合理地猜测这种观点受到了滕固的影响。他在文中也提到了自己同滕固之间的交流，而滕固与蔡元培的共同点在于，其思想都能延伸出一种世界主义的艺术观。至此，我们可以看出潘天寿画学思想上的纠结落在了一个重大问题上，即艺术的未来究竟是民族主义的还是世界主义的。在此纠结中，一反我们惯常对潘天寿的认知，其早期思想竟然更倾向于世界主义。在《中国绘画史》的"自叙"中，潘天寿提到"艺术每因异种族的接触而得宜，而发挥增进，却没有艺术亡艺术的事情；这是征之史册上，历历皆然的"。实际上，目前潘天寿强烈的反传统思路也必然引导他走向世界主义的艺术观。

由于教学需要，这本画史完成得很快，只用了一年的时间。它成为上海美专的美术史教材，并于1926年由商务印书馆出版。虽然潘天寿坚持的是世界主义艺术观，但对画史的研究不仅使潘天寿在中国早期美术史的学术里程中开一先河，同时也完善了他自己对传统的认知，通过对传统的挖掘，形成了具有深沉底蕴的审美判断，并将之运用于创作与鉴赏之中。陆坚曾记载潘天寿日后对当时的一段回忆：

在上海美专教课时，有一个暑假，上海"天马会"开画展，我和诸闻韵负责指挥布置中国画部分。布置好后，我和闻韵说："这次展品中，陈师曾先生的花卉如墨蕉、梧桐诸条幅，都很精彩。"闻韵说："这次陈先生的作品不但花卉好，几幅山水也十分好。"可是我一点也没有注意到。后来特地去看，还是并不觉得它的特别好处。画展结束后，师曾先生的展品留存在刘海粟家，并常常调换悬挂，以为欣赏。我向来是画写意花卉的多，对于山水方面，所用的工夫不多，所以师曾先生的画挂在壁上，我却"熟视无睹"。此后我也常研习山水画。一年以后去海粟家，师曾先生的画仍挂在画室里，一溜眼，觉得画得很好；再隔一年，又去海粟家，仍然看到师曾先生的山水，更觉好；到第三次看到的时候，觉得好以外，并知道师曾先生山水的来龙去脉，工夫深沉，兼以天分高超，学养丰富，故能骎骎地独辟行径于当时画坛，实非一般画家所能望其项背。倘使我当时不在山水画上作三年的努力，恐至今仍不知道师曾先生在山水画上的成就。这就是说，欣赏诗文绘画，非有刻苦的实践，多方的探讨，就不能有较深的体会。

在美专教学的几年，潘天寿不仅结识了恩师吴昌硕，认识了陈师曾、王一亭、黄宾虹等画坛上的佼佼者，也找寻到了许多志同道合且年龄相似的战友，刘海粟、诸闻韵、诸乐三以及最为知己的吴茀之。

可巧的是，吴茀之当时并非是潘天寿的同事，虽然两人只相差三岁，但一个站在讲桌前，一个坐在教室板凳上。两人相识是潘天寿刚担任教职没多久的事，当时，对于这个与自己年龄差不多大的老师，吴茀之同其他学生一样，并不是那么服气的。直到潘天寿在课堂上挥毫泼墨，吴茀之被这位同辈的"师父"深深折服，从此，吴茀之对潘天寿一直执以师礼。两人都喜欢大写意的路子，在艺术交流的过程中愈发亲近，似乎有说不完的话。吴茀之往往非常相信潘天

陈师曾《拟大涤子山水》

百年巨匠

Century
Masters

潘天寿
Pan
Tianshou

寿的判断，1926 年，吴茀之毕业后，在淮安教了几年书，1929 年回到了母校应聘教师，却遭受了当时人在上海的经亨颐的批评，认为他的作品"昌气"太重，做第二个吴昌硕有什么意思呢？要画自己的画。吴茀之对这位老先生的评价并不怎么服气，并告知了潘天寿。但潘天寿一反常态，支持了老校长经亨颐的看法，并强烈建议吴茀之革新。在潘天寿的建议下，吴茀之才冲出吴昌硕门户而自成面目。

风起云涌

　　时局总是不会让人过于安逸。沉醉于美育的潘天寿又遇到了一个大问题。这次惹事的不是他，而是刘海粟，这个暴脾气又要跟人斗争了。说起刘海粟，裸体模特一事像幽灵一样，一直纠缠着他，并为他招来了各种各样的敌人。1914 年，刘海粟 19 岁时，作为上海图画院校长的他，便开始倡议人体模特，与李叔同不同的是，他不止用男模特，还用女模特，而且是毫不"入乡随俗"的裸模，这可犯了当时道德家们的大忌。1917 年，在美专展出人体习作时，一名女校校长谩骂刘海粟是"艺术叛徒，教育界之蟊贼"，没想到刘海粟还真有一种印象派画家的幽默感，从此便以"艺术叛徒"自居，以此称号标榜和自励，仿佛在跟全国的艺术界宣战：我便是叛徒了，你们不怕死的来斗斗试试。

　　还真有人敢跟刘海粟硬碰硬，当然不是艺术界的。1926 年，新任上海县知事的危道丰在《申报》上严令禁止美专进行裸体画创作，这下可算是捅了马蜂窝了。刘海粟随即在《申报》上陈述了裸体绘画练习的重要性，但不是对危道丰说的，而是直接针对危道丰的上峰 —— 大军阀孙传芳。但孙传芳是个大老粗，刘海粟的陈词无法打动他，他也认定美专的裸体画伤风败俗，给刘海粟写了一封信，劝他放弃裸体模特。谁料刘海粟根本不给孙传芳面子，在《申报》上再次发表公开信，严词拒绝了孙传芳的要求，孙传芳恼羞成怒，下令查封美专，这次真是秀才遇上兵，斗争达人刘海粟为保住美专，不得已只能向孙传芳低头，在 7 月 15 日的《申报》上发出声明，取消了美专的人体模特。

美专确已风雨飘摇，因为此时他们发不出工资了。从模特风波以来，上海美专变成了普通民众眼里荒淫无度的场所，家长们，尤其是女孩子的家长，坚决反对自己的子女报考美专，这让本来就生源偏少的美专更加难以为继。潘天寿自从在美专任教，虽名为教授，但工资低得出奇，每个月只有十五块现大洋。当时以他们的润格，卖几幅画就能挣得比这一个月的工资还多，但是潘天寿又不习惯在名利场上来往，对卖画的事向来也不上心。因此他的生活过得很清苦，住在学校里，一床棉被，一顶蚊帐，肚子饿了就去弄堂口吃个小吃应付一下，剩下的钱又要买书，又要买画材，又要补贴宁海的家用。其他老师有的会比潘天寿情况好一些，但总体上也没有宽裕到哪儿去。

后来，这点微薄的工资竟然也发不出来了，一直拖欠长达半年之久。老师、学生们都积攒了怨气，由此，学生们爆发了学潮，矛头直指刘海粟。很多老师也相继辞去美专的职务，另起炉灶，成立了新华艺专。潘天寿迫于生活压力，也接了新华艺专的工作，但是他并没有辞去上海美专的教职，对他而言，没有什么利益的纠纷，哪里需要他教学，他就去哪里，他把自己的全部精力，都投在了美育之中。

与此同时，一篇文章如同平地惊雷一般在中华大地上炸响了。

1919 年，林风眠告别家乡父老，踏上了前往法国的邮轮，并正式考入第戎美术学院学习西画和雕塑。1924 年，在斯特拉斯堡莱茵宫的展览会上，蔡元培发现了林风眠作品中所蕴含的强烈的变革思想及蓬勃的创新生机，十分赏识。1926 年，受蔡元培之邀请，这位青年终于归国，并执掌了北京国立艺专。《东西艺术之前途》如同林风眠的归国宣言一样，成为他一生的艺术纲领。

在这篇文章中，林风眠从艺术之本质入手，展开了他的第一波论证：他首先认定"艺术之原始，系人类情绪的一种冲动"，那么"艺术是情绪冲动之表现"。从人之常情来看，不论是西方人还是东方人，有情绪冲动这件事是一致的，这就暗暗印证了他的世界主义的论调。

人类应对情绪冲动的方法有两种——艺术与宗教。林风眠认为宗教是"在自身之内，设立一种假定，以信仰为达到满足的目的，强纳流动变化的情绪于固定的假定及信仰之中，以求安慰而产生宗教"。因此是"知不可满足而强欲满足之"。而艺术正与之相反，"适应情绪流动的性质，寻求一种相当的形式，在自身（如舞蹈歌唱诸类）或自身之外（如绘画雕刻装饰诸类）使实现理性与情绪之调和"。故而，在理性高度发展的今天，艺术代替宗教是不可避免的事，这与蔡元培的理论挂上了钩。

林风眠也承认东西艺术的分法及其不同，与同时代的人相类，他认为西方艺术接近于写实，东方艺术接近于写意。但与其他人不同的是，他提出这两者之间没有什么高低之分，同样是人类情绪冲动以一种形式表现出来，不过一个从自身之外，一个从自身之内探求这种形式。因此，世界新艺术需要东西方艺术各自取长补短，这种东西调和，需要理性的引导。

最后，林风眠给出了当下中国艺术发展的任务：

中国现代艺术，因构成之方法不发达，结果不能自由表现其情绪上之希求，因此当极力输入西方之所长，而期形式上之发达，调和吾人内部情绪上的需求，而实现中国艺术之复兴。一方面输入西方艺术根本上之方法，以历史观念而实行具体的介绍；一方面整理中国旧有之艺术，以贡献于世界。

1928 年，时任大学院（相当于教育部）院长的蔡元培提交了《创办国立艺术大学之提案》：

> 美育之目的，在陶冶活泼敏锐之性灵，养成高尚纯洁之人格，故为达到美育实施之艺术教育，除适当之课程外，尤应注意学校的环境，以引起学者清醇之兴趣、高尚之精神。故校舍应择风景都丽之区，建筑应取东西各种作风之长，而以单纯雄壮为条件，期与天然美相调和，而切于实用 …… 窃以为最适宜者，实莫过于西湖。盖其地山水清秀，逶迤数百里，能包括以上各名胜之长，而补其所不足。

最终，杭州因风景秀丽，交通便利，建校耗资少，且远离政治中心，成为新学校的理想选址，蔡元培在文件中称其为国立艺术大学，希望其成为全国艺术的中心，并邀请林风眠出任艺专的第一任校长。

1928 年 3 月，杭州国立艺术院开学，新的征程拉开了帷幕。

第五章 ｜ 十年磨一剑

国立艺专的执教生活忙碌而充实，沉浸于美育中的潘天寿，也在辛勤地打磨自己的艺术风格，这次，他把目标转向了四僧。

西湖从艺

1928 年 3 月 26 日，蔡元培特地携夫人来到孤山脚下，参加杭州国立艺专的补行开学典礼。一来是为这所年轻的艺术学院给予全力支持，二来是力挺自己的同道林风眠。

对林风眠作为国立艺专第一任校长一事，很多人是不服的。此时的他不满 28 岁，资历尚浅，一回国竟受到蔡元培如此礼遇，对于不了解林风眠的人来说，实在是羡慕嫉妒。艺专尚未开学，就有学生贴出了反对林风眠的大字报，并在校内闹事。蔡元培对这次的风潮并不手软，他要求闹事学生自行退学，坚定地站在林风眠一边。

蔡元培这次来杭州，特意携带被褥住进了林风眠的小家，而不是其他政界、学界友人家里或高官们通常居住的杭州新新大饭店，正是意图昭示自己的选择。他认为，林风眠完全可以带领中国艺术走向光明的未来。

在开学典礼的讲话中，蔡元培首先强调了自己以往坚持的观点，即"以美育代宗教"。旧时杭州西湖周边寺庙林立，是宗教借自然美和人的爱美欲望吸引信众，今时艺专则摒除宗教，在西湖上以纯粹之美"真正的完成人们的生活"。第二点是艺术之社会功用，以艺术之"优美""壮美"养育人心，不怕苦难，以"纯然无私"的"创造欲"调剂"占有欲"，达到社会的和平。据此，蔡元培反对艺术家的功利心态和私欲，更反对在艺术院校玩弄官僚政治的那一套。艺专之所以选址杭州而非南北二京，正是基于这个问题。蔡元培说：

> 大家要认明白，艺术院不但是教学生，仍是为教职员创作而设的。学生愿意跟他们创作的就可以进来，不然不必来这里。这次的风潮，不是真的学生，是有别的政治作用，已经为浙江省政府除去。你们可以安心上课，教职员努力创作。不愿跟着教职员创作的学生，想作别的政治活动的学生，可以离开这里，到别处去，到社会上去做政客，不要妨碍他们创作。总之，艺术院是纯为艺术的，有天才能创作的学生，一万不为多，一个不为少。

这番话为艺专的学风定下了基调。据此，艺专成为林风眠中西艺术调和论的理想试验场。蔡元培为他清理出了一片干净之地，可以放开手脚了！

蔡元培不但在政策上给予林风眠以便利，他的女儿蔡威廉也加入国立艺专，成为一名西画教授。除此之外，艺专还聘请了吴大羽、李风白、李超士、法国画家克罗多等人教授西画，很多教员都曾是当年法国阿波罗会的成员。一时间，西画队伍蔚为壮观，而中国画这边却人才寥寥。蔡元培告诫林风眠要兼容并包，真要创造世界新艺术，东西方皆不能偏废。经过再三考虑，林风眠聘请了人在上海的潘天寿来杭州任国画主任教授。

潘天寿自一师求学始，便极度仰慕蔡元培先生"美育救国"之高论，现有艺专为蔡先生美育之大实验场，潘天寿自然高兴地答应了林风眠的邀请，前往杭州赴任。从此，潘天寿一生的沉浮，便紧紧地与这所艺专勾连了起来。

林风眠最初也要同时聘请北京的齐白石来此任教，因齐白石不愿离京，遂让其弟子李苦禅代之。所谓"南潘北李"在此初遇，林风眠也为此欣喜："潘先生为吴老缶弟子，苦禅是白石门生，可谓南北艺坛之写意集中杭州了！"

钟情四僧

　　国立艺术院的校址选在了孤山，教职工宿舍都是就近安排的，潘天寿住进了西泠桥边上的俞楼，这里曾是晚清朴学大师俞樾的故居，依山傍湖，不胜美哉。除了例行上课、备课之外，潘天寿也喜欢在西湖边游荡、写生，捕捉着天地自然造化的种种。他仍不是很习惯西法速写，只不过两三笔潦草地勾勒一番，主要靠着目识心记，回到画室再着力构思画面的布置。此时潘天寿更多重视的还是关于古人的问题，上海教学期间，潘天寿致力于努力学习并尽力跳出吴昌硕，我们说过，他跳出的方法就是在本来的吴派风格中融入自己早年推崇的野逸，这种野逸提取自徐渭风格，并由潘天寿自由发挥，但问题在于，随着潘天寿反传统思路逐渐理性，纯粹的野逸画风已无法支持他进行下一步探索了。

　　于是，他将目标定位在了清初四僧身上。

　　四僧之生平故事对我们现代人来讲已是耳熟能详，但他们在画坛上真正声名鹊起，其实是潘天寿那个时代才有的事。

　　四僧者，石涛、八大山人、髡残、弘仁。四人皆为明末遗民，因拒不事清，遂落发为僧以避祸端。其风格个性洋溢，与四王之规矩对比鲜明。于是，当近代画坛一步步对四王进行批判之时，推崇四僧的呼声也越来越高。在陈师曾所写的画史材料中，尚无"四僧"的称谓，且无明显的与四王对立的关系，陈师曾在《清代山水之派别》一文中也只是提到了石涛、八大和髡残，而不曾言

百年巨匠

Century
Masters

潘天寿
Pan
Tianshou

及弘仁。虽然如此，但是对四僧的鉴赏活动，尤其是对石涛和八大，要早于新文化运动。陈师曾本人深入研究过石涛，齐白石早年亦曾学习八大。传统画坛中，石涛等人实际上一直作为四王风格的反面而存在。近现代以来，随着四王风格的僵化，许多画家也相应地学习石涛等人的风格。但"四僧"作为一个绘画史中的团体却从来没有出现过，因为新文化运动以前，并不需要一股强烈的反对"四王"的力量存在。1919 年后，"革王画的命"的呼声日甚一日，改良派引入西方写实技法解决王画过于拘泥"道统"的问题，而传统画坛上，"四僧"力量的整合与出现，恰好与"四王"完美对立，成为"进步"画风的代表。同时，"四僧"中画学理论的代表文本《石涛画语录》中的"变化观"和高度的"自我"意识，更是与新文化运动前后的唯物思潮与"个人"观念的觉醒相吻合。故而，当时很多传统画家都将四僧视为中国画内部发展的新方向。

基于潘天寿个人而言，四僧那种对于传统的颠覆与变化，正可寄托其早年的野逸。1925 年的《晴峦晓色图》中，已可看出潘天寿对石涛风格的学习和探索。此后很长一段时间，潘天寿的兴趣点着力于山水画，毕竟四僧除八大之外，绝大多数是专精山水画的，而山水画作为传统绘画中最为重要的门类，成为潘天寿破局开新的基地。我们再看一下潘天寿作于 1928 年的《青山白云图》。在这幅画中，我们可以看到潘天寿基于这个思路进行的尝试。

画面中笔墨、布局都较之前作更为复杂多变，但呈现出了相似的意境 —— 一种躁动的野逸风貌。此画中，他秉持着石涛对于传统的大胆化用与改进的念头，进行了一系列的笔墨实验。画中的披麻皴难说柔和，质感毛糙，几乎达到"土石不分"的地步。山

《晴峦晓色图》1925 年　　　　　《青山白云图》1928 年

头积以重墨浓点，需要仔细分辨才能认出山林树木的姿态。这种对繁密的有意识追求来自石涛或者髡残，因为在这种繁密之下，并非是如王原祁、王翚那样坚实沉静的布置，更多的是一种运动感。为了达到这种运动感，其布置上接近元代王蒙的《青卞隐居图》，山体在画面中呈"S形"纠缠上行，山顶则突兀地向画面左侧倾倒，而画面中较虚的一部分正是左侧下方的水面。潘天寿为了在繁密的布局中寻得空虚，不仅借力于湖面，也包括云雾，但他描写云雾的笔触与山体如出一辙，更加强了画面的运动感。对顶峰的处理也并不尽如人意，潘天寿为了达到一种"长S形"的构图，使主峰的走势产生了奇怪的扭转，如同折断的木条，而他似乎无法合理地解释这种扭转，于是干脆以云雾进行模糊化处理。

在潘天寿的作品中，早期可见此种全景式山水，而晚期则不多，即使有，也不如早期全景山水这样层次丰富。潘天寿不缺大幅作品，但大幅不意味着一定要画全景。他的很多作品用了石涛所谓的"截断法"。石涛《苦瓜和尚画语录》中曾总结"写画有蹊径六则"：对景不对山、对山不对景、倒景、借景、截断、险峻。"截断者，无尘俗之境，山水树木，剪头去尾，笔笔处处，皆以截断，而截断之法，非至松之笔莫能入也。"石涛的截断式构图多出现在其晚年力作中，我们无法得知他的构图是否受到了南宋马夏边角式构图的影响，但至少，在潘天寿手中，两者之间是相互启发的。作于1931年的《青绿山水》中，潘天寿展现了他对石涛和南宋风格的进一步理解。

画中沿用一水两岸式构图，前景极度简略，平坡浅渚，二文士漫步水滨，其中一位抬手上指，把视线引向远山，中部的水面辽阔，远景放大，成为画面的中心。与传统的构图恰好相反，如同远

《青绿山水》1931 年

景被挪到了近景之前,这种颠覆式的构图是石涛常用的手法。但潘天寿对山石的描写却趋向了简洁,其皴法厚重,似线更似面,石上保留了大面积的空白,以石青色敷之而不觉堵塞。这种简明的笔法已经昭示了潘天寿风格转变的新方向,但此时尚没有真正定型。画面的空间纵深被极度压缩,似乎近中远景皆是在纸面上进行着二维空间分割的游戏。落款位置也十分巧妙,如同沙渚一般融入到了画面之中,其款曰:"习俗派争吴浙间,相讥纤细与粗顽。苦瓜佛去画人少,谁写拖泥带水山。"九年前,他在《古木寒鸦》的落款中疾呼,对待传统的要旨在于抛弃门户之见。在这段落款中,前两句说的是浙吴两派之见的争端,后两句却一转话题,到了苦瓜和尚石涛那里，而将石涛与"拖泥带水山"进行联系。"拖泥带水"常被用来形容南宋画院画家夏圭的笔法，其以大斧劈皴作水墨淋漓之感，谓之"拖泥带水皴"。在潘天寿看来，石涛正是摒除门户，融合南北的高手。他认为"石涛对南北宗之看法，远高于吴门、松江派诸画人，因其有突出之天才，磊落之胸襟，深沉之学识，直如天马行空，了无滞碍耳"。在石涛的大量画迹中，我们也可以发现其对于北宗风格的探索性尝试。学者严善錞、黄专认为，潘天寿很多具有北宗构图风格的绘画，与其说直接继承自北宗，倒不如说继承自石涛绘画中偏向北宗的那一部分。

南北宗融合的尝试不仅仅体现在潘天寿在山水画中的探索。

这幅创作于 1932 年的《映日荷花》，不仅进一步脱离了吴昌

《映日荷花》1932 年

硕门派的习气，甚至超越了任
伯年，跨过了恽寿平，以一种
别样的"兼工带写"面貌呈现
了出来。荷叶几乎以磅礴的
笔法绘出，占据了大部分空
间，叶心以大块的空白处理而
不觉拥塞，荷花亭亭玉立于一
角，以写意笔法行工笔勾勒之
事，花叶筋脉处处分明，洒脱
而不失严谨，可谓是工写融合
的成功尝试，也成为其日后花
卉风格的代表。

　　但是相对而言，吴昌硕风
格并没有在潘天寿绘画中消
失，反而在一系列的探索中更
加炉火纯青。

　　所谓"绯袍"，是对朱竹
的雅称。这幅竹画，潘天寿依
旧沿用了熟悉的吴昌硕风格，
对竹子的绘画如出一辙，相对
于吴昌硕的花鸟而言，潘天寿
则更为险峻，红竹不如墨石显
眼，显然无法撑住墨石向左下
倾斜的动势，故此潘天寿创造
性地在画面中部再题一款，如

《绯袍图》1928 年

百年巨匠
潘天寿
Century
Masters
Pan
Tianshou

同另一支竹竿，将巨石高高挑起，使画面顿时趋于稳定。这种奇险布置的倾向此时显现，并将在其绘画发展过程中愈发纯熟。

实际上，对潘天寿的绘画风格影响最大的不仅有石涛，还有八大山人。甚至可以说，八大山人与潘天寿的心性更为契合。所谓"物以类聚，人以群分"，张大千模仿石涛是一等一的好手，但是他作的八大假画却常常露馅。有人说，张大千的性格与石涛颇为相像，他们都曾逃身于禅门，但几乎没有禅门中的清静性格，他们喜欢热闹，喜欢在他人的关注之下，所以石涛也曾托亲访友前往京城，游弋于达官贵人之间，只为在政治中心有其立足之地，这与张大千的心境何其相仿。但潘天寿却不是这样的人，他不喜欢聒噪，生活上尚简，甚至连饮茶的习惯都不曾有。他也不是一个圆滑的人，有着自己的固执，有时也孤僻到让人觉得木讷。我们从中仿佛也能看到那个同样固执的八大，但八大是热情的，甚至发展到了神经质的地步，但潘天寿却是冷静的，因此，八大画中的冷峻气质若说是无意识流露的话，潘天寿则是苦心经营，最终当然又呈现出了不同的画面效果。

甬江口炮台位于宁波，据潘天寿的跋文，他从缑城前往上海，必会乘船经过此地，一次登炮台而远眺，心旷神怡，"知我神州之一山一水，浩荡险峻，真不可一世也"。这幅画便是数年之后，依照当时的记忆绘制出来的。画面中，巨石如山为画面主体，山头瞭望塔矗立海边，炮台则位于右下角的石缝之中，茫茫海水以颤动的笔法勾勒。但我们要注意的是这幅画显现出的其他倾向，即潘天寿是以何种方式去表现甬江口炮台的"浩荡险峻"的。画中墨色变化极少，除了表现海水的线条尚有湿润之外，其余皆为浓墨焦笔，这种绘画称为焦墨山水，起源于明末清初，在八大山人的

《甬江口炮台》1932 年

作品中亦常出现。焦墨山水的妙处在于，缺少了中间墨色的过渡，使得焦墨与白纸的对比极端强烈，形式分明，难以容下一处败笔，对构图的处理尤须谨慎，因焦墨山水很大程度消解了画面纵深空间的暗示，在强烈的形式对比之下，所有的物象都被安排在了一个二维平面上。正如潘天寿所说"透视者，以平面显立体之术也。然绘画终为平面之艺术，惟立体是求，亦不过执其一端耳"。这种对平面艺术的兴趣，很大程度上来自于八大的影响，八大以其极高的天赋，达到了中国传统绘画形式美的巅峰而为后人所敬仰。《甬江口炮台》的形式，既是以焦墨山水来复现当时登炮台时的"浩荡险峻"的感觉，也是潘天寿力图直追八大，探索传统绘画形式美感的明证。甚至从某些方面去思考，潘天寿的焦墨绘画实验，进一步强化了他对骨线的高度兴趣，为其风格成熟奠定了坚实的基础。

潘天寿不仅以四僧为师，跳出缶翁门径，在书法上，他也希望找到新的突破口。在其 1929 年的题款中，我们尚能找到吴昌硕的影子，其后，潘天寿的书法风格产生了快速变化，行笔依然稳健，但结字、章法上都变得更加锋利和奇险，从以上几幅作品的题款中，我们能清晰地感受到这一点。其书法仿佛随着绘画风格的变动而变动，奇险的结字对应着四僧影响下出现的险峻画风，章法上的错落有致如同其对平面形式美感的关注。潘天寿的书法某种意义上也是回到早年，再次去临摹学习大量的北碑、汉碑，并从明末清初黄道周、倪元璐以及八大的书法中汲取营养。他的书法题款，在形式方面与绘画进行了有机结合，形成整体的平面造型，一起冲击着观者的视觉神经。

潘天寿此时刚三十岁出头，对于传统风格的理性自觉和有意识的探索改变，已使其个人风格呼之欲出了。

百年巨匠
Century
Masters
潘天寿
Fan
Tianshou

第六章 ｜ 纠结与探索

对潘天寿而言，一面是艺专整体的中西融合氛围，那是来自蔡元培与林风眠的艺术理想；一面是自己十年来坚持的传统风格。民族，还是世界，究竟何去何从？

艺专论道

　　相对于潘天寿在风格探索中的顺遂，传统绘画的社会境遇却不容乐观，潘天寿风格的成型很大程度上是他自己的事，对当时的社会而言，传统绘画依旧被大多数新青年视为腐朽没落的视觉代表，即便像国立艺专这种提倡中西兼容的学校，其对中西问题的争论也随着教学活动的展开而愈演愈烈。

　　起因是林风眠校长的"中西调和论"。

　　前面提到，林风眠的"中西调和论"在他的《东西艺术之前途》中得到了明确说明。这里要另外说明一点，即林风眠之"中西调和"与徐悲鸿之"中西调和"的不同。徐悲鸿在1918年《中国画改良之方法》中，提出中国画本身虽有价值，但因"物质之故"而略逊于西方画，也就是对中国画的传统材料的表现力给予抨击，另一方面他强调"惟妙惟肖"，他说"妙属于美，肖属于艺。故作物必须凭实写，才能惟肖"。因此他更强调一种对外在实景的真实描绘以达到美的境界。同时，徐悲鸿也为近现代以来的写意大师们留下了位置，即"妙之不肖者，乃至肖者也。故妙之肖尤难"。这就是说，写意大师们的作品，虽然不似西方绘画一样达到了逼真的视错觉地步，但是却抓住了物象的内在真理，这是难能可贵，也是难以学习的。故而，作画之基础依旧是形似，不会走便想跑，只能摔跟头。

　　据此，我们去看徐悲鸿的艺术革命实践。他反对西方现代主义以来的流派纷呈，对18世纪以前的古典艺术推崇备至，从他的素描作品中我们也能感受到浓浓的法国学院派气息。他将西画素描中对物象形体的精准把控，以及古典油画中对于光影微妙变化的反映，都以传统绘画材料进行表现。1940年左右的《愚公移山》中清晰地表现了徐悲鸿的艺术理想，从画中人物的伟岸形体中，似乎可以读出源自古希腊的理想人体典范。徐悲鸿也创作大量的写意画，尤其以奔马形象最为著名，而这些写意形象，所基于的依旧是其严谨的素描造型训练，对造物形态的掌握直接关涉艺术之根本。

林风眠恰恰反其道而行之，在《东西艺术之前途》中，我们看到他对艺术本质的态度并非可以通过把握外在物象形态和精神才能达到，他要把握的，是人内心的根本情感，这种情感在他看来是共通的，不论东方或西方。因此他偏爱西方的现代绘画，尤其是表现主义，这却是徐悲鸿所厌恶的。对林风眠而言，艺术与科学有着根本差异，人类的精神生活不能与物质生活等同，艺术应当直指精神和情感，在这一点上他欣赏曾经的中国画，但是更进一步，林风眠认为中国画自元之后到民国，因传统形式的限制，已经"山穷水尽，全无生路"。因此，中国画改革，应该在表达真实情

徐悲鸿《愚公移山》

百年巨匠

Century
Masters

潘天寿
Pan
Tianshou

感和冲破形式限制两方面做出努力，故需引入西方现代主义绘画以丰富形式的表现能力。再者因人之共同情感的假定，东西艺术实质上也并无分别，于是，最终要达到一种世界主义的艺术，这一点与徐悲鸿也有很大的不同，对徐悲鸿而言，不管如何引进西方古典传统改良中国画，中国绘画中所包含的民族精神都是不可被丢弃的。

但林风眠显然希望艺术改革的步伐能够更快一些。他在《艺术教育大纲》中提到："本校绘画系之异于各地者即包括国画西画于一系之中。"相当于在学校的建构上，没有所谓的国画系和西画系的分别，统统合并为绘画系。绘画系的学生们既要学习西画之长，也要学习国画之优，并在各种形式的交融下使自己的情感迸发于艺术，创立世界艺术之新形式。年轻的林风眠保持了自己在欧洲和北平时一贯的激进，世界艺术的开发，人类精神的实现，皆从现在走出坚实的第一步。

潘天寿对林风眠的世界主义艺术观并不排斥。1928 年，潘天寿在校刊《亚波罗》上发表了新的绘画史 ——《中国绘画史略》，此文参考了滕固的《中国美术小史》，其思想自然承袭滕固而来，他运用了滕固的历史分期法，承

林风眠《侍女》

认晋唐"混交时代"的伟大，并认为元明之后的"沉滞时代"跬步不前，是因为没有新的养分，导致模拟前人，不敢越出绳墨。这种思路几乎与林风眠对中国美术的看法是一致的。不同的是，林风眠所没有的纠结却存在于潘天寿身上。1928年的《中国绘画史略》表现出潘天寿画史思想的纠结已经达到了难以调和的地步，因此文中也存在大量的自相矛盾之处。像他一方面反对门户之见，另一方面却以极重的笔墨阐述吴派而非浙派；如他一方面认为元明"沉滞时代"是没落的，一方面又说"画法莫备于唐宋，至元搜抉义蕴，洗发精神，实处转松，奇中有淡，而见真趣。有人说：'元人贵气韵而轻位置，其于形似之间，时或有失。'便疑唐宋之法，至元中坠。不知元季诸画人，多高人君子，借绘画以逃名，悠然自适，不求庸耳俗目之赏识"。文章最后，潘天寿与滕固都提出了民族艺术是血肉，外来艺术是滋补品，在此认知上进行"国民艺术复兴运动"。滕固逻辑在于，元明之后民族绘画沉滞不彰，若要艺术融合，则要彰显民族艺术，其方法未必指向对元明以来文人画的学习。但潘天寿相对而言更为赞扬元明之后的文人画，因此他再提"国民艺术复兴运动"，更多的是指向对明清以来好的画家风格的学习。

在此文中，我们已经看出潘天寿与林风眠之间的同与异。在实践上，二人之异更是逐步显现出来。林风眠出发点虽好，但甚至是他自己，也有偏重西画而轻国画的倾向，校长林风眠、教务长林文铮、教授吴大羽、刘开渠、蔡威廉、雷圭元等几乎清一色是留法的，从授课内容与教学观点看，国立艺专近乎是法国巴黎美专在中国的分校。新文化运动之后的青年们对于传统绘画也很少能提起兴趣，故而产生了一个令人尴尬的局面，即上国画课的学生越来越少，甚至学校排课也慢慢开始挤压国画课时，国画课成了艺专学子们磨洋工的好去处。据当时的学生彦涵回忆，潘天寿以极认真的态度对待之，为学生们准备好充足的笔墨纸砚和范本，无微不至，但是到场听课的学生却寥寥无几：

> 当时国画界不甚景气，选修学生不算很多。可是潘先生对待自己的课务异常负责，他上课时每堂必到，记得教室里只有我一人，他也从不置弃。每当出现这种情况时，他总是隐约地露出失望的神色，而又亲切地说："就你一个人。"我觉得如果先生来到课堂见不到一人，那是多么对他不起。

当时的情况已落魄至此，但是大家从未听到潘天寿在公开场合与林风眠唱反调。二人的分歧属于君子之争，对事不对人，林风眠也从未强迫或限制过潘天寿的教学方法，也未曾打压过潘天寿的见解。林风眠在艺专创立的致力于中西艺术融合的"艺术运动社"，潘天寿也是参与人之一，艺术运动社在上海的展览，潘天寿也提供了自己的作品，作为中西融合艺术观下"中方"的代表。潘天寿精神上完全跟随着蔡元培，相信艺术会指引人类走向真善美的至高境界，完成人类精神。但在这个过程中，真的要以抛弃或改进传统绘画为代价吗？他一时也给不出明确的答案。

育人育己

　　我们先搁置这个问题，回到潘天寿的教学活动中去，此时期潘天寿也在不断地打磨自己的教学方法，相比于上海美专时期，更有系统性和趣味性。他教授传统绘画仍以山水为重，但初学者先教其画兰竹，这种画说简单也简单，说难也难，气韵拿捏得好，自然高妙，但由于其形式简单，掌握得也快，作品容易成型，让学生们有成就感，还可以联系笔法和作画的胆气，毕竟作画时瞻前顾后，线条更易迟钝木讷，胆气对于初学者而言尤其重要。练好笔法胆气后，便进入山水门径，先临摹前人山水中的各种最基本的元素，山石如何勾勒，树木如何布置，苔点如何生长，点景何以精彩，并掌握历代皴法，继之则专攻某家，临摹大师们的整幅作品，尤以石涛、八大等最为常见。进入创作阶段，则学习山水如何布置，如何诗书画印结合。看到学生画了好作品，潘天寿常常会提笔在作业上写诗题款，落其大名以资鼓励。他对学生的要求，是要成为一个诗书画印兼通的类似文人的画家，因此行艺事之前要先养好自己的品格，艺术是为人生的，不是为艺术自己的。潘天寿说：

　　　　人生须有艺术。然有人生而后有艺术，故最艺术之艺
术，亦为人生。

　　人人之品格不同，往往也导致了艺术风格有所不同。当时许多绘画教师要求学生像自己，对临的也是自己提供的作品，潘天

寿对此是反对的，他曾多次对学生说：

> 你们是刚入学的新生，在第一堂课，我首先要讲的两点是：一、你们要集中精力，埋头学画。要决心一辈子献身艺术。二、你们要不存偏见，博采众长。不要以学像我为满足，要着眼于创造。要记住：艺术的重复等于零！

虽然当时的许多学生并不喜欢传统绘画，但由于潘天寿教学方法的趣味和教学态度的开明，也渐渐吸引了一批"粉丝"。他们有的是从小热爱传统绘画，有的完全是受到潘天寿的感召对传统绘画产生了极大的兴趣，这些学生们谈起往事，往往最有印象的是潘天寿独特的教学风格，这是一个好老师给予学生最深刻的感触。

与此同时，潘天寿也收获了自己的爱情。在艺专开学前，潘天寿特地回了趟宁海，顶着父亲潘秉璋的压力和对妻子姜氏的歉疚，与她办理了离婚手续。这些年的异地分居，两人早已没了感情，妻子无法，也没有能力了解丈夫，丈夫也是有苦难诉，还不如早早了结，免得互相耽误一生。潘秉璋为此事几乎要与潘天寿决裂，幸亏族人和亲戚们中间调和，但依旧不欢而散。潘天寿劝姜氏改嫁，但姜氏仍坚守着传统的妇道没有离开潘家，为潘家操持着里里外外，直至因肺病去世，时年 37 岁。

而潘天寿真正爱情的到来是在开学后，一位名叫何文如的女学生对他芳心暗许。何文如的父亲何公旦曾经任浙江慈溪的知县，后来厌恶官场而退隐，如今是杭州城内有名的中医。潘天寿与何文如两情相悦，互为知己，很快便结为连理。为此，何文如改名何愔并离开了学校，成了潘天寿坚强的后盾，好让他无顾忌地在艺术之路上驰骋。

潘天寿与何愔

　　随着教学活动的展开，艺专决定在杭州的闹市区举办一次学生作业展览会，一来是为了向社会各界展示不到一年就取得的如此丰硕的成果，二来也是为这些年轻的学子们开拓未来的发展空间。不出所料，展览会引起了极大的反响，很多杭州市民，甚至各大使馆的公使及家室也闻讯而至。但这次展览会的作品是概不售卖的，不少人也因此悻悻而归。潘天寿对这次展览颇为上心，他在上海任教时策划过几次展览，有充足的经验，但这次展览与之前的都不同，参观者会发现，每个学生所掌握的艺术形式都很多样，既能在主攻西画的学生作品中看到一两幅写意，也能在流连传统的学生作品中发现一部分水彩或油画，兼容并包是林风眠校长对学生们的要求。

百年巨匠
Century
Masters
潘天寿
Pan
Tianshou

潘天寿（左一）与杭州艺专学生摄于校园内

　　其中最让潘天寿得意的是一位来自浦江名叫郑祖纬的学生，20多岁，但履历颇丰。他从小便留心绘事，与潘天寿一样，多是从野路子学来的，后来一腔热血投身北伐，可算是青年俊杰。从师潘天寿不到一年，画艺突飞猛进，既得了七八分潘天寿的气韵，又远师八大、石涛，其花鸟尤佳，笔墨俱盛，潘天寿称其"二十年后，必当万人敌"。这次展览中，郑祖纬的作品受到了日本领事的青睐，他常向郑祖纬买画以资助之，并欲送其至日本深造，郑祖纬拒绝了他的好意，他认为艺专已是最好的美术学校，不需再去别处留学。"九一八"事件后，郑祖纬便断绝了与日本领事的往来，作《采薇图》以明志，可惜年纪轻轻竟死于伤寒。潘天寿为此辍食多日，悲恸万分，并与林风眠商量，为郑祖纬举办了遗作展，林风眠题字"天妒奇才"以怀之。

　　既然说到日本，便不得不提及近现代中国画家与日本之间的爱恨纠葛。自近代以来，日本人往往成为购买中国传统画家作品的大宗。吴昌硕等传统画家在新文化运动之后，于中国遭到了一定程度的冷落，但是在日本文艺界风生水起，吴昌硕许多绫本绘画多被日本藏家购入，因为绫本衬托的笔墨表现，更符合日本的审美趣味。另一方面，对中西融合派而言，日本是一个很好的老师，从明治维新开始，日本大量吸收西方制度与文化，在艺术层面，出现了很多以西画媒介表现日本审美精神的大画家，如黑田清辉。林风眠虽是留学法国的代表，但对日本的艺术融合经验也有着极大的兴趣。1929年暑假，由校长林风眠带队，林文铮、潘天寿、李树化、王子云，加上一位袁姓的翻译，一行六人，组成了美术教育团，踏上了前往日本的旅程。这次旅行以游学居多，参观了日本的许多古寺与博物馆，同时也拜访了日本当地的美术专门学校。

另一次开阔眼界的契机也是1929年，国民政府为了"纪念统

杭州国立艺专赴日考察团旧照，右三为潘天寿

西湖博览会旧址

一，奖励国货”，当时的浙江省政府主席、国民党元老张静江倡导在杭州西湖举办一次博览会。国立艺专为这次博览会付出了不少的心血，图案系主任刘既漂为博览会总设计师，参考了法国装饰艺术运动的风格，气息新颖。博览会设八馆二所，其中陈列了来自大江南北的奇珍异货，也包括南方所无的动植物，当时杭州没有动植物园，艺专的小动物园也只是方便同学们写生之用，物种远不及此次丰富。

潘天寿可能正是在这次的博览会上近距离看到了秃鹫。

秃鹫这种动物在禽鸟界中可谓雄强霸悍，且另带着一种苍劲，是其他禽鸟所无，与鹰那种精致的威严不同。潘天寿在旁边观察得很仔细，这也与他的艺术理想相关，我们前面提到过潘天寿钟情于画史上偏门的指墨画，秃鹫的样貌，正符合他在指墨画中探索的那种生涩与雄强的感觉。自此之后，潘天寿开始创作秃鹫题材的作品，且多半为指墨画。同时，各种大型禽鸟题材也逐渐进入到潘天寿的绘画领域，如鱼鹰题材，这些都可以称为潘天寿对秃鹫题材的一种变体。

不断地自我磨炼，使潘天寿在艺术探索道路上，相比于其他画家越走越远，越走越深。他对画史、对风格的独立思索使其在当时国画界的威望与日俱增。上海那边的学校也仍聘请潘天寿兼授绘画，上海美专、新华艺专那边都是老朋友了，如今又成立了昌明艺专，是吴昌硕的小儿子吴东迈与王一亭为纪念吴昌硕，发起成立的艺术专科学校，教师都是当年吴昌硕门下的弟子和朋友，聘请潘天寿更是理所应当的事。于是，潘天寿忙碌的生活开始了，刚在西湖边上完课，抬脚便要前往上海，从昌明艺专出来，又往新华艺专去，在上海没几天，又要往杭州赶，甚至备课都要在路上完成。老朋友张振铎回忆此时潘天寿的生活说："寿师行动非常敏捷，他住在杭州，到上海去兼课时，夜宿在吴茀之家地板上，为了赶早班火车，穿衣、卷铺盖、盥洗……几分钟内全部做完。"几乎没有片刻的休息，但潘天寿显然乐在其中。

另外还有一个小插曲，我们也能感觉到潘天寿希望社会对其努力给予承认，据李霖灿回忆：

> 记得那一年，开第一届全国美展，没有请潘老师去作评判委员却来函邀请他出作品。他面有不豫之色，施施然说道：拿我的作品去叫他们审查，也不必啦！——决定不送件参加。
>
> 好像是过了一个礼拜，全国美展会的聘书到了，敦聘他

为审查委员，郑重地邀请他赴南京与会。他高兴了，离开教室的时候，面露笑容，还在教室门口留下一句话：那些审查委员都是了不起的大名人呀。他忘记了，他自己也是审查委员之一，我们大家都微微掀起了嘴角，你看看我，我看看你，相视一笑，别有会心。

虽然潘天寿的影响力增加了，但对他而言，一个人的力量毕竟势单力薄。在这个纷乱的艺术革命年代，每个团体都有自己独特的艺术主张，潘天寿要实现其艺术理想，更需有志同道合的战友并肩而行，战友虽少，三五人足矣。

「独学而无友，则孤陋而寡闻。」白社虽小，五人齐心。在朋友的互相扶持和激励下，潘天寿的成熟风格终于脱颖而出，其纠结的艺术思想亦找到了归宿。

创变精神

1932年，诸闻韵、潘天寿、吴茀之、张书旂、张振铎五位好友，组织了国画研究小组，组内成员只此五人，因"白"字恰好五画，又有单纯朴素之意，遂名之为"白社"，主张为人为艺干干净净，清清白白。此时，潘天寿在杭州、张书旂在南京中山大学，其余三人皆在上海，吴茀之在上海美专、张振铎在新华艺专，诸闻韵像潘天寿一样，上海的三家美术学校来回轮转。

看似组织松散，成员各有工作，但是白社却显现出了不同寻常的生命活力。成立之初，潘天寿即提出了自己对白社宗旨的看法：出新。他抬出了扬州画派，认为他们的创造精神正是白社同人所要学习的标杆。此前，潘天寿学习石涛、八大居多，其花鸟禽鱼中不时也显现出李鱓的风格。潘天寿常说"石涛开扬州、八大开江西"，如今，以扬州画派作为白社创造精神的代表，究其原因，一是扬州画派是继承和发展石涛理论的代表。二是扬州画派与白社一样，都是一群成员间联系密切的团体，但在团体中，每个人都保持了自己鲜明的个性特色，这对于重视人格特性彰显的潘天寿而言无疑是重要的。第三，扬州画派的成员从某种意义上符合于"文人画"对创作主体的要求。"文人画"的概念由陈师曾进一步强调，有的学者认为陈师曾的"文人画"概念来自于日本学者大村西崖，也有人指出陈师曾在接触大村西崖之前便已形成了这一概念。但不管怎么说，陈师曾在创造"文人画"概念时，即以此为失落的传统画学寻求新的正当性，使绘画与天下之文运有联系，绘画的最终价值来源于作画主体——文人的内在价值，即"第一人品，第二学问，第三才情，第四思想"，这与传统的"士夫画"概念有一定的联系，也有不同之处，即原本士夫对形上"常理"的高超领悟，在陈师曾这里转换成了对于内在人格的良好修养。潘天寿对中国画的理解与陈师曾很相似，他提出：

> 文人而兼画家，画家而兼文人，是中国绘画史上一大特点。中国绘画以此而进入超逸之境地。画家而兼文人者，读书较多，识见较广，诗文书法之修养亦较高。学问一多，即容易贯通，一旦透脱，自不肯拘拘于形似，做造化奴仆。于是求理想之寄托，性情之抒发，神游物外，笔参造化，以尽自由挥洒之雅兴。原艺术为人类精神产物，人类对艺术之理解，由简单粗浅而至复杂高深，由描摹自然到精神表现，由就画论画到寻求种种画外意趣，诚为进化发展之必然。文人画之兴盛，即为此一过程之特出现象。

白社不仅致力于学习扬州画派，在其他层面的努力较扬州画派更甚，展现了他们作为学者型画家的素养。从吴茀之的记录中，我们可以看出白社成员的自我要求非常严格：

（1）坚持作画宗旨：取经多方，融会贯通，自出新意。

（2）扩画题：人物十三个题，走兽九个题，山水七个题，花卉二十一个题，禽鸟十二个题，蔬果八个题，鱼介五个题，昆虫五个题，博古三个题。共计八十六个题，保证质量，按时完成。

（3）技法探讨，力求"笔墨当随时代"。

（4）书法日课，不容间断。临马鸣寺碑、钟繇、黄山谷、傅青主等历代碑帖。

（5）"外师造化"，游黄山、温州、丽水、浦江等地。

（6）理论研究和诗文修养。编写《中国画概论》上编完成。撰《画微随感录》一册。诗如李白、杜甫、王维、陆游等。取法恬淡而富有韵致一路，勤于吟咏，将部分诗稿，录于《画中诗》册，共收二百八十余首诗。

（7）同仁笔会，课堂示范。

（8）成立"吴谿国画函授室"，订函授简约十二条，收江浙一带学生九名，培养业余美术人才。

这八条目的要求中，既有吴弗之对自己未来艺术风格走向的定位，如取经多方、外师造化、笔墨随时代等；也有非常具体的美育方案，如课堂示范与笔会雅集，以及在学校之外另开设函授室，培养大众的艺术爱好。甚至在理论方面，这些非史论专业的国画先生们也不甘居于人后。白社要求成员每人每年需交 20 幅精品绘画，以便举办展览。另外，每人每年必须在书法、篆刻、画史、画论中选择两项作为研究项目，在研讨会上向成员们汇报讨论。他们都是各大学的教授，当时社会对教授的物质待遇极好，他们因此不必也像吴昌硕们那样为了生计和市场奔波，从而可以拿出所有的精力投入学术之中。

白社成立的意义是特殊的。作为组织者的潘天寿，在白社的宗旨问题上下了很大的功夫，同时也能看出，自 1928 年潘天寿画学思想的纠结达到顶峰后，开始向另一个方向偏移。1928 年以前，潘天寿的重视传统是在吴昌硕的提醒下开始的，其大多数时间则更为倾向反传统，甚至在中西方哲学与科学的对比中，认为中国的哲学思维是"简陋的"。而 1928 年之后，不管是在风格上还是思想上，潘天寿则更加表现出了对传统的兴趣，对传统的逆反从激进转向收敛，白社正是关键节点，代表了潘天寿方向上的转变。这不仅与当时艺专重西轻中的风气相关，也与当时社会上对传统国画的轻视有关，多数民众甚至分辨不清传统山水与西方风景绘画的区别。而白社的成立正式表明，潘天寿不仅坚定了从传统中破局的决心，而且他也找到了最为合适恰当的破局路径和同道之人。在白社的宗旨中，破局的关键点 —— 四僧的影响逐渐扩展至扬州画派，构成了传统内创变的发展谱系，在这个谱系下，白社便是最为有力的继承者。

第一次白社画展如约而至，展览在首都南京举行，一行五人挤在张书旂的小屋子里，张振铎回忆当时"晚上睡在地板上，顾不得白天的疲劳和室内的汗臭、咳嗽声，吵吵嚷嚷直至深夜，方能入睡……至今思之，仍感乐趣无尽"。

白社成员合影，左二为潘天寿

白社画展也确实在社会上产生了较大的影响，至抗战前，白社一共举办过三次画展，在南京、杭州和苏州三地，并出版过两本画集，第一本画集为白社五位成员的作品，第二次画集加入了几个新近入社画家的作品。随着白社的知名度越来越高，江浙地区的传统主义画家们开始向白社靠拢，一两年的时间，许多同事朋友们都来请求入会，白社迅速扩张，但组织力度反而减弱不少，最开始定下的许多规矩和硬性指标也渐渐停掉了。但白社成员们并没有一刻停歇，尤其是潘天寿。

自进入国立艺专以来，潘天寿在学习清初四僧的过程中，寻找能寄托自己早年气质的历史风格，并以之突破吴昌硕的制约，寻求自我特色。石涛的画论和融合南北的风格，八大在平面和抽象形式上的独绝，都成为潘天寿全力取法的目标。同时，潘天寿以四僧为基点，沿着画史上下来回探索，从南宋山水，直至清中期的扬州画派无不一一收入囊中。终于使得潘天寿的个人风格在1935年前后彻底彰显出来。

作于1935年的《江州夜泊图》，是潘天寿画风走向个性化的代表作。这幅画发表于1937年"中国画会第六届展览会"，当时题名为"野渡横舟"，但从题画诗看，叫"江洲夜泊"或许更贴近画作的原意。题画诗云："莫将灯火认瓜州，江水苍茫树色浮。天自高高秋月迥，几忆黄泥坂下舟。""千秋淘尽几英雄，倒海潮声岁岁同。铁板铜琶明月夜，何人更唱大江东。浪淘沙尽误千秋淘尽。""碧霄流露自湛湛，星斗微茫夜下深。船樯灯华人不寐，南窗试听毒龙吟。"之所以称之为"江州夜泊"，是因为潘天寿一生中就此题材创作了多幅变体，早在1931年就出现了第一幅《江州夜泊图》，那幅尚且是类似石涛风格的全景山水，在1931年那幅

百年巨匠
Century
Masters
潘天寿
Pan
Tianshou

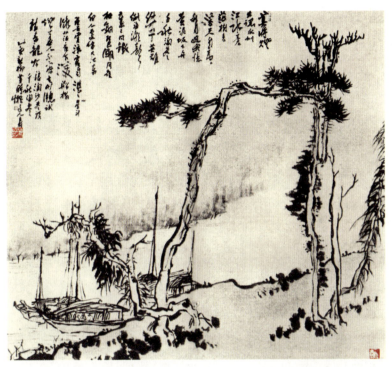

《江州夜泊图》1935 年

画的题诗中，不仅包括了此处"浪淘沙尽"一诗，也包括了一段对江州司马白居易的感慨。因此，该题材的内涵是有着一定的延续性的。1935 年这幅绘画却没有提到白居易的《琵琶行》意象，第一首指向苏轼的《后赤壁赋》，气氛是清冷且沉郁的。第二首依旧指向苏东坡，但气氛为之一变，代入了《念奴娇·赤壁怀古》的情景。第三首仿若跳出了苏轼，但深夜船中不寐的场景，又隐隐与《后赤壁赋》的后半段相通，"南窗"指向陶渊明，"毒龙吟"或联系王维"薄暮空潭曲，安禅制毒龙"一句。我们发现，除了"南窗"意象与水无关，其他意象或多或少皆与江河湖潭挂钩，通过多种意象在统一画面中的重叠，我们能够体会到的并不是某一

百年巨匠
Century
Masters
潘天寿
Pan
Tianshou

处特定场景，而是基于各种相似场景产生的复杂情感，在冷逸萧瑟的基调中，作者面对曾经的江山，对东坡等人抒发着自己的历史感怀，并同时在感怀中获得了一种如禅定般的冷静和豁达以止住心中的悲哀。

那么潘天寿又是以何种形式去处理这种意象的呢？这幅画不仅取法石涛上人，更以八大风格融会贯通之，画面主体，"T"字形的松树撑起了整幅画的结构，其他的一切配合着此树在平面内展开。此树与其旁小树的穿插空间交代得十分别扭，似乎是作者本身也不想让观者有什么纵深空间的感觉。主树与其右侧的几棵直树一起，对整个平面进行了大幅度切割，并划出了锋利的几何框架，其用笔重侧锋，因此线条上亦能感觉到方折的锋利感。近远景的山石坡岸，包括树上的枝叶都极其简略，唯恐打扰了观众对画面奇险分割的认知。苔点落笔大胆，寥寥几笔，对土石坡岸的结构便有了清晰的交代，但又并不妨碍绘画的平面性。落款也参与到了这场平面"实验"中来，防止了左上部分过度空虚导致画面的不平衡。

我们将这幅画与其之前的作品比较后，便能发现潘天寿究竟是如何确立起自己的风格的。在《青山白云图》《青绿山水》，甚至是风格更为接近后来的《甬江口炮台》中，依旧透露着其早年所推崇和坚持的野逸，表现于形式上，则大笔直写，皴擦点染也相对较繁密。但是在 1935 年的这幅画中，笔墨虽多侧笔方折，但下笔却趋向冷静，笔笔分明而各有位置，不可增减，一切奇异之处，皆通过对每根线条的精益求精而表现出来。皴擦点染也少了很多，呈现了以骨架组合撑起整个画面的意图。

在一系列的苦思冥想中，潘天寿最终形成了一种特有的理性风格，将早年横冲直撞的霸气内化于骨线之中，曾经外化的野逸表现几乎被抛弃，代之以更深沉、有力的形式。即所谓"用笔须强其骨力气势，而能沉着酣畅、劲健雄浑，则画可不流于柔弱轻薄矣。古人用笔，所谓力能扛鼎，即言其气之沉着也，此与粗率蛮笨之笔线迥为二致"。早年的作品如同急于彰显自己能力的年轻人，而在明确风格目标后，外在的张扬反而不是重要的事了。霸气内化的另一方面则体现于画面布置上，奇险的布置方法与传统的求稳格格不入，潘天寿反传统之道而行之，曾经冲动的"反叛"变成精心策划的"谋逆"，从某种意义上，强劲的骨线与奇险的布置互相生发，以达到潘天寿倡导的"强其骨"的效果。

但另一方面，潘天寿却并不希望自己画作的整体只有着一种雄强的、动势明显的气息。在某种程度上，他认为霸悍之笔可有，但霸悍之气却值得商榷。传统绘画依靠特殊的形式与内容营造出境界。在境界问题上，潘天寿提出了"静气"：

> 宇宙万物须臾不可离动，亦须臾不可离静。惟静方能察动，惟动方能显静。诗与画为静态之艺术，能寓生机动势于静态之中，即可耐得咀嚼耳。静中有动，动而益静。静之、深之、远之，思接旷古而入于恒久，其为至美也。

这种画境上的静态观，反而是潘天寿在吸收传统的过程中对自己早年野气的一种反动。为了阐述这种传统绘画特有的"静"，潘天寿将之与西方绘画进行对比：

> 西画主眼见身临之实境，故重感觉，须热情。中画主空阔流动之意境，故重感悟，须静观。受之于眼，游之于心，澄怀忘虑，物我冥会，此境惟于静穆中方能得之。

因此，画境上求静的根本要义，在于与天地造化的"物我冥

百年巨匠

Century
Masters

潘天寿
Pan
Tianshou

《梦游黄山图》1936 年

会"，即自然之一切生生不息，皆在画家心中得以明确的感悟，又表达于画境之中。而天地造化动静皆宜，绘画又是一门静态艺术，因此在绘画中表现造化，就要静中寓动，方不负此艺术形式。

"强骨""静气"这两个艺术观念随着潘天寿绘画风格的成熟而日益凸显出来。这四个字标注于潘天寿读《老子》的眉批中。但是"强骨"与"静气"之间的完美融合并不是容易的事，从概念上来说，它们之间是存在着一定的矛盾的，霸悍、动感的线条如何营造静穆、高古的境界呢？潘天寿一时也无法解决这个问题。他常以古人作为评判的参照，也在落款中感叹自己境界中犹有霸悍之气的无可奈何。对如何进一步完善其独特风格中"强骨""静气"的融合，成为潘天寿前进的下一个目标。

或许我们可从另一幅形式上更为极端的《梦游黄山图》中找到解决问题的一点端倪。

《梦游黄山图》作于 1936 年，可视为潘天寿寻找个人风格的历程中一件极为重要的作品。浓重的墨色与鲜亮的赭石奠定了整幅画面的基调，笔墨坚实而冷静。整幅画自下而上呈"S"形构图，近远景之间气脉连贯，几乎不需要任何中景的过渡，潘天寿实际上几乎取消了中景，而以一条细密的石台阶进行微弱的暗示，而画面各部分一直在平面中缠动。

　　但我们细致观察这幅画的感觉，即使是极具动势的"S"形构图，也没有将之带入如王蒙《青卞隐居图》那样龙蛇飞动的态势中。相反，画面中所有物象如同被冰封的水流，动势只能隐隐地显露在一片静穆之下。这种静穆的塑造，来自于一种形式上的克制。其强骨的笔墨中也有金石趣味的拙感，每次的行笔，如同一次次理性的判断，布置上我们也能感觉到一种精细打磨的过程，每一处转折都是方正而顿挫的，正是在这一顿一挫之间，原本激流的势态被一次次减缓、阻滞。也就是说，这种静穆的营造是在两股相互克制的力量的拉锯中呈现出来的，因此，静穆中暗含着一种劲力，并达到了微妙的平衡。

民族？世界？

百年巨匠
Century
Masters
潘天寿
Pan
Tianshou

　　与潘天寿逐渐转向传统的内生性演化不同，社会上中西艺术风格角逐的态势正在进一步失衡。白社虽然成绩突出，但影响毕竟有限，林风眠、徐悲鸿高举中西改良路线，在一些激进派的眼里也难以容下了。1934年，陈序经发表《中国文化的出路》，其矛头不仅直指传统派，同时也鞭及了中西调和派，陈序经将之视为一种折中。在文中，陈序经高调提倡"全盘西化"，引发了社会的大论战。

　　当然，虽说近现代的一大特色是孰中孰西的摇摆，但毕竟真正坚持"全盘西化"的极端者还是少数。因此陈序经此次激起的千层浪，多半都是批评他的声音。这种论战在新文化运动后层出不穷，独独这次刺激了潘天寿的神经，因为这个问题不仅涉及是否应放弃传统全盘西化，实际上也包含着另一方面，我们谈到潘天寿与林风眠艺术发展道路上的差异时，曾提到潘天寿相信蔡元培和林风眠的"人类精神"，但另一方面，为何一定要从传统艺术出发才能完成"人类精神"，潘天寿无法给出解答，因此，当"陈序经们"提出全面抛弃传统时，潘天寿究竟以何种话语为传统正名呢？

　　实际上很多反对陈序经的人也以一种"本位文化"的坚持作为论据，但潘天寿无法如此简单化地考量这个问题，因为"人类精神"的提倡从本质上说是以承认人类的情感共性为基础的，因此其中必然蕴含着一种"世界主义"的倾向,如何平衡"民族本位"与"世界主义"之间的矛盾,正是潘天寿所面临难题的实质。

一个发声的契机是,潘天寿1926年的《中国绘画史》需再版,其主要的原因是十年来,中日之间关系不断恶化,摩擦不断,而大量参考了中村不折、小鹿青云绘画史的1926年版《中国绘画史》,不管是在民族情绪上,还是专业认知上,都无法成为最佳的画史教材。而潘天寿经过十年的"磨剑",对传统的认识已不同往日,他花了大量的精力对原先的稿件进行修订。在这一版次的画史中,潘天寿提出了重要的两点论调,最终解决了从1919年以来一直缠绕着他的矛盾与纠结。

其一是对南北宗论的彻底逆反。在前几章,我们谈到了潘天寿对南北宗论的不屑超过了他前一代的传统主义画家,在此版画史中,这种逆反不仅更为猛烈,且其找到了另一种新途径,即南北融合。潘天寿在1936年画史中构建了一整套南北融合的发展过程,最开始确有南北分宗,但南北之间并不像南北宗论那样针锋相对,马远、夏圭成为潘天寿画史中最早的南北融合大家,谓之"开南北融合之新格"。其后,明代诸家或多或少都有南北融合的发展倾向,尤其是嘉靖前后,被认为是"浙院派与吴派交替时代",人才辈出,有周臣、唐寅,甚至沈周也被算入其中,谓其受到浙派的影响。明末清初,南北融合的大家在"四王""四僧"中都有出现,一曰王翚,一曰石涛,证明南

1936年版《中国绘画史》书影

北融合是大势所趋，而后画坛萎靡不彰，陷入程式化面目。在这样的画史发展观中，谁继承了南北融合，谁就掌握了民族绘画的发展趋向。

将中国画的内部分歧解决后，其二是对外部的解决，即究竟是选择民族艺术还是世界艺术。在1936年《中国绘画史》中，潘天寿放弃了滕固的分期法而重新采用1926年《中国绘画史》的分期，并掺入了郑昶的"实用、礼教、宗教、文学"分期法，使全文中世界主义的倾向骤减。同时，潘天寿将原本的附录《书画同源论之不可据》全文删除，改为《域外绘画流入中土考略》。这篇文章代表了潘天寿对他与林风眠路线差异问题的解决，也以有力的姿态回击了"全盘西化"理论。

此文章将域外绘画的流入过程分为四个时期：第一个时期是秦朝的"骞霄国画人烈裔来朝"事件；第二时期为汉至唐的佛教流入与本土化的过程；第三时期为明清时的天主教传入与西方绘画第一次进入中国；第四时期即为鸦片战争后，西方文化强势而全面地冲击中国，潘天寿他们正巧生活在第四时期。在文中，潘天寿并不像一般的传统派那样认为中西绘画之间不可融合，而认为域外绘画流入后对本位文化产生了较为积极的影响，但艺术在吸收域外养分后，必然要脱去表面的外来影响而转变成本土风格，方为鼎盛之极。故而潘天寿在文章的最后，阐发了自己的感想：

> 原来东方绘画之基础，在哲理；西方绘画之基础，在科学；根本处相反之方向，而各有其极则。秉雍氏之言，固为叙述东西绘画异点之所在，实为赞喜双方各有终极之好果，供献于吾人之眼前，而不同其致耳。若徒眩中西折中以为新奇；或西方之倾向东方，东方之倾向西方，以为荣幸；均足以

百年巨匠
Century
Masters
潘天寿
Pan
Tianshou

损害两方之特点与艺术之本意，未识现时研究此问题者以为然否？此后之世界交通日见便利，东西学术之互相混合融化诚不可以意想推测；只可待诸异日之自然变化耳。

这段总结即为潘天寿后来提出"中西艺术拉开距离"的源起。我们细致分析这段话，他首先声明东西艺术是"各有其极则"的，而以"哲理"与"科学"分述之，从本质上对中西艺术进行区分。因此折中派或全盘西化论，皆是"徒眩中西折中以为新奇"，其不仅损害的是中国的本位文化，且西方文化之精髓也随之而受到损害。这是从民族本位观的角度进行的阐发。

继而，潘天寿提出了一种"世界主义"式的想象，即"此后之世界交通日见便利，东西学术之互相混合融化诚不可以意想推测；只可待诸异日之自然变化耳"。这既是在一定程度上承认了林风眠的理想，但又将此理想寄于遥远的未来。相比较而言，潘天寿与林风眠的艺术最终目标或许是相同的，但一个是理想的当下实现，一个则提出分步进行的方案，一个激进，另一个缓行。而缓行方案的第一步，即是潘天寿提出的对民族本位文化的挖掘，相比其1926年"自叙"中的理论，这里对民族本位艺术的坚持是一大改进。因为若不先对本位艺术进行彻底理解，那么在之后的"混合融化"中，东方艺术的特色将会因弱势而消失殆尽，这不是融合，而是归顺，这是潘天寿无法忍受的。他在1957年重新阐述了"中西文化拉开距离"说，并将之比喻为"两大高峰"：

东西两大统系的绘画，各有自己的最高成就。就如两大高峰，对峙于欧亚两大陆之间，使全世界"仰之弥高"。这两者之间，尽可互取所长，以为两峰增加高度和阔度，这是十分必要的。然而决不能随随便便地吸取，不问所吸收的成分，是否适合彼此的需要，是否与各自的民族历史所形成的民族风格相协调。在吸收之时，必须加以研究和试验。否则，非但不能增加两峰的高度与阔度，反而可能减去自己的高阔，将两峰拉平，失去了各自的独特风格。中国绘画应该有中国独特的民族风格，中国绘画如果画得同西洋绘画差不多，实无异于中国绘画的自我取消。

潘天寿此论的高明之处在于，不管你是纯然传统的，还是中西调和的，在当下这种民族文化式微之时，请团结一致，维护民族文化的存在。因为民族文化一旦消亡，将融无可融，最后都要被迫走向全盘西化的路径，这是传统派与融合派都不愿意看到的结果。所以这一理论，从某种程度上，能统一当时艺坛的大部分派别，共同为民族传统的保存贡献自己的力量。这似乎是对他与林风眠之间差异的最好解决方案。

但从潘天寿的内心上说，他是不愿意置身社会上的风风雨雨的，这与曾经参加过学潮的那个热血青年迥然不同了。当社会的一些言论涉及他的事业时，潘天寿也不过是侧面地论争一下即止，更不用说是其他的更为激烈的国内外斗争了。他曾对学生说要"不问政治，埋头业务，留千古之名于后世"。世事无常变幻，外面的世界不去惹它，但潘天寿毕竟脱离不了社会而隐居出家，社会的震荡总是会影响到他的生活和事业，他也不得不被动地分散精力去应对。

国立杭州艺专这十年来，潘天寿不管是艺术创作上还是艺术教育上，俨然已渐入佳境。他的一生，他的所有梦想，也都寄托在艺专上，从艺专建校伊始，潘天寿便对其倾注了最大的心血。而这十年的心血，却差一点化为乌有。

百年巨匠
Century
Masters
潘天寿
Pan
Tianshou

第八章 | 国破山河在

在民族危亡的岁月里，潘天寿和他的学生们于纷飞的战火中离乱迁徙。外忧，内患，如此至暗时刻，潘天寿仍尽力保存着民族艺术最后的火苗。

辗转西南

1937 年的某一天，20 岁的朱培钧画了一幅《兰石图》，兴冲冲地找到潘天寿。朱培钧是个很有天赋的学生，他记得潘天寿一开始给他上课，便教了兰竹的画法，并告诫他学画不是只为画而画，"要借物抒情写胸中情怀"。年轻的朱培钧对这个道理似懂非懂，但从此也爱上了写兰竹。

潘天寿看着眼前的《兰石图》甚是欣慰，按照惯例，看到学生画出了好的习作，他一定会在习作上题款以资鼓励的。潘天寿拿起毛笔沉思了片刻，吟成一首：

> 最爱湘江水蔚蓝，幽香无奈月初三。
>
> 楚骚已是伤心史，何况当年郑所南。

朱培钧看了题诗，发现这词句哀婉痛彻，并非先生往日的风格。屈原《离骚》咏香草美人，隐隐含有对楚亡于秦的担忧。而如今的国土，却像一块肥肉一样，被搁置在了狼窝。社会上的舆论甚嚣尘上，都说北平周边的日军动向不明，操练日复一日，难道真的要重演九一八事变？

1937 年 7 月 7 日，日军借口演习中走丢士兵，向宛平城进军，中日军队在卢沟桥附近交火，史称七七事变，京津陷落，天下震动。8 月 13 日，日军登陆上海，企图短时间内直取南京，迫使国民政府投降，淞沪会战爆发。中国军队奋起反击，在江浙一带，依托密集的水网和城镇节节防守，为江南地区的转移争取时间。

国立杭州艺专也在转移之列。

此时潘天寿正在家中安排妻小，除了妻子和岳父母一家外，还有三个孩子，两男一女，老的老小的小，何愔还怀着身孕，一家子的转移着实让潘天寿吃尽苦头。他将自己的书画装进大箱子里，把家里的门窗顶死，锁好家门，只能无奈地期望日军不要破门而入，期望几个月后就会重新回到家里。

一家人从水路出杭州，至建德，日军步步逼近，建德已然不是长留之地，遂退往周边的小村姜坞，以为可以躲过一劫。没想到过了一段时间，姜坞附近也有了日军活动的迹象，潘天寿与岳父商议，老两口带着孩子赶往缙云山区，何愔因劳累过度小产，须休息几日才能动身，一家人约定在缙云会合。

老小走了没几日，何愔担心他们的安危，也不顾自己身子虚弱，坚持要赶上。从水路转陆路，一路颠簸，终于到了缙云。与此同时，潘天寿收到了国立艺专的消息。

艺专师生们先沿着铁路线到了诸暨，随后一路西行到了江西贵溪，不多久，奉教育部指令，北平艺专与杭州国立艺专合并，迁到了张家界以南、常德以西的沅陵。

潘天寿急于回校，他身为教授，学校危难之际，他不能只顾着自己的家人。何愔理解潘天寿的决定，但由于她身子实在虚弱，于是二人商议决定先让潘天寿到沅陵与学校取得联系，再回来接妻小。

潘天寿踏上了寻找艺专的旅途。艺专的所在倒是很容易打听，对当地人来讲，这群师生显得那么的出挑和古怪，多少都会留意一眼。潘天寿在沅陵联系到了学校并在当地租下一套房子，虽然极其破旧简陋，但毕竟有了一个容身之所，与艺专的同事亲友们

百年巨匠
Century
Masters
潘天寿
Pan
Tianshou

1938年潘天寿（前排右二）与学生摄于沅陵国立艺专大门

在一起，也不觉得漂泊无依了。

潘天寿打理完沅陵的事便急忙回缙云接妻子和孩子。长时间的旅途使得何愔生了场大病，孩子们也不同程度地被传染，潘天寿作为家中唯一的健康人，已经忙得首尾难顾了。何愔这病来得厉害，到沅陵休养了几个月才算渐渐好转。

家有家事，国有国难，学校此时竟也不得安生。北平艺专与杭州艺专合并，称国立艺专，其中大多数仍是杭州国立艺专的学生，但老师队伍有南有北，竟出现了内讧。

起先是北平艺专校长赵太侔不满于合并之后仍由林风眠任校长，联系多名北平艺专的老师发难，公开致信林风眠，其中还有杭州艺专的李朴园。当时艺界、政界中，许多人将林风眠这样的蔡元培一派视为眼中钉肉中刺，趁着两校合并的机会煽风点火，意图推倒林风眠。但艺专学生哪里肯同意，他们没法去批赵太侔，就将矛头对准李朴园，并将之驱逐出校，闹得非常没趣，李朴园也不得不提出辞职。但校长该由谁担任，南北双方互相不服，教育部调解不得，只能废去校长制成立校务委员会，位子都没了，还争什么争。校务委员会负责主管艺专，而林风眠任主任委员，赵太侔任委员，相当于教育部也承认以林风眠作为主要领导才能稳住大局，为了防止两人不和，又特地安排了常书鸿同时担任委员一职。

但是几次的风波让林风眠身心俱疲了。不管是北平艺专还是杭州艺专，他都为之付出了巨大的心血。如今人事交杂，风口浪尖，而林风眠只想安安静静地去思考、践行他的中西艺术调和，再也没有精力应付这些斗争了。他向教育部递交了辞呈，辞去了主任委员一职，而赵太侔在艺专的影响力不高，任校长也无法稳住大局，于是教育部委派与两派都不相干的艺术史家滕固任职。滕固一直在艺术史学界高度活跃，已成为中国早期艺术史学的中流砥柱。他的声誉良好，众人也算服气，校长的风波也就渐渐平息了下来。

潘天寿并没有参与这场风波，对他而言，这种人事上的争斗能避则避，最让他挂心的是教学能不能顺利展开。虽然艺专在沅陵安下了家，但是没有几个学生安心学习。毕竟国仇家恨在此，都到了亡国灭种的边缘了，谁还顾全艺术那些事。

于是有些学生离开了学校，走向延安，去那里从事左翼艺术的工作，抛弃一切所谓的传统，直面苦难的现实并以此作为题材，进行抗战的宣传活动。

实际上，沅陵也不是久安之地，日寇已经攻向武汉，威胁长沙，沅陵慢慢变成了前线，学校决定，继续后撤，干脆一口气撤到大后方昆明。许多老师、同学已不愿意再跟随学校辗转，艺专队伍逐渐减员，但潘天寿并没有离开的打算，多数学生的家乡已经被战火吞噬，如果置之不管，又能让学生们去哪儿呢？可何愔来到沅陵，本就水土不服，一病难起，继续前往昆明，怕凶多吉少。潘天寿决定，将夫人和孩子先送回浙江的岳父母处，他只身追随学校前往云南。

送回何愔及孩子后，潘天寿顺势联系了老朋友，请他们一同前往云南任教，他知道现在艺专师资力量不足，尤其是传统绘画教学，更是少得可怜。吴茀之、张振铎答应了潘天寿的请求，吴茀之从上海直接前往昆明，张振铎与潘天寿在金华碰面，结伴前往，

张振铎回忆：

1938 年冬与张振铎摄于浙江缙云

1940 年冬，我和寿师两人，从金华（当时寿师家住缙云）出睦南关（原镇南关），经河内才到昆明国立艺专。当火车到达江西奉贤站时，受到日寇飞机轰炸，车厢铁轨受到破坏，旅客亦有伤亡。寿师和我躲在田埂低洼处，幸免于难。抗战期间，我虽多次逃空袭，但像

百年巨匠
Century
Masters
潘天寿
Pan
Tianshou

这次这样直接受到威胁还是第一次。因而有些惊慌，但寿师却临危不惧，镇定沉着，只是仇恨之色凝聚于眉间，气愤难消。

学校到了昆明，生活也没有改善多少。学生、老师们只能就地临时安置，住得都很分散，潘天寿与吴茀之、张振铎三人住在节孝巷。没有了家属，三个大男人只能自供饮食，他们约定轮流上街买菜，以及做一些琐事，分工井井有条。自从战事紧张，潘天寿与家里的联系愈发困难，有时信件根本发不出去，就算发出去了可能又音信全无，通过这样间断断的书信，潘天寿与妻女保持着仅有的一点联系，但沦陷区的日子并不好过，多亏有友人接济，尚且勉强度日，潘天寿在云南，一点忙都帮不上。

端午佳节，艺专教师们苦中作乐，在附近翠湖公园的万胜楼办了一场聚会，平常很少喝酒的潘天寿这次却醉倒了，胸中块垒，以酒浇之，不知这家国苦难，究竟持续到何年何月？他强打精神，写下一首五律：

苦雨无佳节，相酬意倍亲。

天酣宜死醉，海渴任扬尘。

眉鬓师陈老，江山血战春。

卿云应有旦，迟我古虞民。

传说舜作《卿云歌》以禅让贤者禹，其词有"卿云烂兮，纠缦缦兮。日月光华，旦复旦兮"一句，所谓"卿云应有旦"，是对抗战胜利的信心和决心，但是胜利到来的日子太迟了，迟到潘天寿这些"古虞民"们都在担心命运的变数。

自从抗战以来，一路辗转，潘天寿已许多时日没有作画了。在这八年内，潘天寿所作之画出奇的少，反而写了大量的诗句。一方面是条件的限制，更重要的是，中国传统所谓"诗言志"，自己的苦闷和民族热血，只有通过诗句才能彻彻底底地表达出来。

潘天寿早年便留心于诗词的创作。传统艺术教育中，诗书画印缺一不可，要成为好的画家，必须要学着去写诗，懂得诗的意境，蒙养自己的心志，这样才能使自己绘画的境界更上一层。抗战初期，那些诗稿同画稿一起，留在了杭州的旧居。在沅陵的时日，潘天寿凭着对旧稿的记忆，重默诗章百首，以资保存。同时，对于一些在诗词上有天赋、有兴趣的学生，潘天寿总是不遗余力地谆谆教导。

潘天寿对诗的看法与对画的态度有相似之处，都认为是一个人气韵外在展示的通道。因此他学诗，也根据自己的性格有所取舍。潘天寿作诗崇尚奇崛，但奇中透露着一股稳健，他喜欢李贺、杨万里，更有韩愈的雄强文风，在基本功上下功夫，格律精到，并又善于炼字，那些稳重中透露出来的新奇立意，全是通过对字与字的斟酌"炼"出来的。如"酒败诗无律，春酣梦有钩"句，一"钩"字把将醒未醒、睡梦缠绵的情态表现得淋漓尽致。如同他的画一样，雄强坚实的线条构成的确是奇险的景象，所谓诗画合一不过如此。1943年潘天寿将历年诗作加以遴选，出版了线装本诗集《听天阁诗存》。

随着战事的胶着，昆明上空也出现了敌人的飞机。艺专再次奉命疏散，撤退到呈贡县的安江村，位置在昆明市周边，紧邻滇池，虽然只是个小村落，但村里有九座古庙可以当作教室，用木板把神像挡在里面，艺专的师生就在这里画石膏、画模特，引来当地村民好奇的目光。这种小村落没有什么军事价值，日寇一般不会前来轰炸，于是艺专在经历了三次搬迁后，终于迎来了相对的稳定。

潘天寿的教学工作也逐渐恢复正常，但由于物资匮乏，学生的笔墨纸砚经常供给不足，潘天寿让学生们把粗糙的窗户纸剪下，裁成方块，去学习画山水、兰竹。郝石林当时是潘天寿的学生，他曾回忆潘天寿的教学方法：

> 寿师上课时，还有一点我是永远不会忘记的。每次听他讲课，都感到很有新意。他上课思路清晰，表达明确，注重启发式教育，同学们的疑难问题，一经他解说，都豁然开朗。当走出教室时，总感到知识又长了一截。后来每当寿师给我们上课改作业时，那个半天我干脆不练基本功了。我一直跟随看他给同学们批改作业，注意听他针对每个人不同的问题讲明道理。至今回忆起来我仍感到是一点偏得。

潘天寿一直让学生苦练基本功，作业积累了两三尺高也不允许马上创作，不免有单调之感，这可把那些像郝石林这样空有一腔创作热情的学生急坏了。一次，郝石林用云南土纸创作了一幅中堂，完全是自由挥洒的，画完后自己觉得不错，题了诗准备给潘先生过目，年轻人有着强烈的好胜之心，想着能让潘先生夸几句最好了。等到潘天寿为其他学生批改完作业，郝石林拿出了自己的中堂：

> 他几乎每次都是用郑重的口气说："哎——！（拖长了字音）哪能这样干呵！学画画是很严肃的事，不能心急，不能随便画。譬如小孩子走路，走还走不好，就要跑，是没有不跌跤子的。常说不以规矩不能成方圆，欲速则不达嘛！"最后说："题在画上的字也不好，不但字没功夫，题的也不是地方。要知道中国画是最讲究空白的，所谓'计白当黑'就

是下笔画前首先要考虑到空白处。题字是构图的一部分，一定要慎重推敲题在何处才有利构图。这是要很费心思的，不能随随便便题字……"

郝石林听了潘天寿的评价，方知自己的基本功根本未到火候，为自己的行为感到深深的后悔和羞愧。只是他不知道，曾经那个凭着一腔热血，在江浙的画坛打拼，"艺术叛徒"刘海粟见之尤敬爱三分的年轻潘天寿，也曾有过这样激进与飘飘然的状态。当年，他也是像郝石林这样，拿着自己得意的中堂作品找吴昌硕求教，不料迎来的却是吴昌硕对自己的忧心与婉转的训诫。昔日狂傲的青年现在亦与自己的恩师一样，用相同的话语规劝新一代的青年们。回想起来，吴昌硕竟离世 12 年有余了。

但潘天寿毕竟与吴昌硕不同，吴昌硕的弟子很多都是学吴的，有的时候也是出于无奈。海派本身与市场的关系密切，吴昌硕的绘画又一纸千金，弟子每年为自己忙前忙后，也需得给予他们一定的好处。因此吴昌硕凡是看到弟子画自己的风格拿出去以吴的名义卖画的，就睁一只眼闭一只眼，甚至也给他们提供一些便利。但潘天寿不同的是，他的艺术没有必要跟市场挂钩，学院可以解决他的生活所需，因此他与学生之间的关系也不像吴昌硕与弟子那样复杂。潘天寿每每强调，让学生们不要学自己的风格：

你们不要学我的画，我是学石涛、八大的，学历代名家的。你们要直接向历代名家学习，向石涛、八大、石谿、石田等大家们学习。在学习方法上，一定要"取法乎上"，这样将来才能超过我。学本领一定要把目标定得远些、高一些。比如走路，今天如果计划走五十里，就很难走完一百里。如果计划走一百里，就是累了走不了百里，也会走七八十里！学

百年巨匠
Century
Masters
潘天寿
Pan
Tianshou

画、学字、学什么都是同样道理。

有幸的是，当潘天寿遇见吴昌硕的时候，他并没有想着凭借吴昌硕的风格在市场上捞到什么好处，在学吴的时候便计划着出吴。吴昌硕对此十分赞成，这或许是吴昌硕最深沉的愿望，他也想着能多培养出一些不类自己的好弟子。

在安江村，潘天寿除了跟学生们讨论教学，就是和教授们讨论艺术。按潘天寿的习性，自然与吴茀之、张振铎走得最近，师生们都知道他们三个亲如兄弟的情谊。常书鸿曾回忆道："自古说'文人相轻'，但是潘先生是文人相亲。他和吴茀之、张振铎两个是好朋友，尽管他们三个人画法不一样，然而当时他们是形影不离，相处得很好。"

吴冠中也曾回忆吴茀之对他说过一句话："我喜欢吃甜年糕，张振铎老师要吃汤年糕，潘天寿老师则爱吃炒年糕。"三个人三种口味，吴冠中认为，三种年糕的口味透露了三位老师当时的艺术气质。他们三人虽同为白社成员，但艺术风格上并不相同，此时潘天寿的风格趋向一种理性的、沉厚的"简"，而吴茀之走向了感性的、灵巧的"繁"，但他们并不会因为在风格上的不同而相讥，在他们心里，这种不同是在绘画传统之下个人气质的迸发，进入到高境界的表现，在同中求不同，谁都没有唯我独尊的意识。

校长风波

艺专在安江村好不容易进入到正常的教学活动当中，可好景不长，另一场风波又悄然而至。滕固本想聘任好友傅雷为教务主任帮助自己，谁料想傅雷刚辗转到达艺专没几天，就与滕固大吵了一架离开了，原因是傅雷想要重新整顿教师和学生队伍，开除一批浑水摸鱼的差生，同时调整教职安排，滕固当然不干，他比傅雷更了解艺专现在的情况，开除一批学生很有可能要面对学潮，调整教师队伍则让刚刚建立起来的平衡又重新打破，他哪里受得了这样的折腾。但该来的还是来了，1940 年 8 月，教务长方干民与常书鸿在教学上闹起了矛盾，滕固支持常书鸿，解除了方干民的教务长职务，方干民憋屈万分，遂约着一批学生闹起了学潮，围住校长室让滕固收回成命。滕固也是满身的倔脾气，你们不让我出门，那我干脆连饭都不吃了，看谁耗得过谁。果然，滕固校长这一绝食，可把教育部吓坏了。因为这时候，日本在越南开辟战场，战局不断恶化，威胁到了云贵地区，中央再次命令艺专迅速内迁至重庆，学校亟待能稳住大局的校长，方干民闹这种事情，简直是火上浇油。警备司令部派兵"解救"滕校长，开除了带头闹事的学生，当然也解聘了这次事件的始作俑者方干民。但这一场场人事的纠缠，滕固也同林风眠一样力不从心了。学校搬到重庆后，他向教育部提交了辞呈，并给全校教职工、学生写了一封公开信，其中有言："纵是非或淆于今听，必功过自定于他年；恩怨初无所容心，毁誉亦置之度外。"12 月，教育部批准了辞呈，没多久，滕固便与世长辞，年仅 40 岁，而他的死因，到目前还未有定论，有的说是因为一次夫妻不和的意外，有的说是因病而离世。

但不管是什么死因，滕固的离开使得原本风雨飘摇的艺专更加支离破碎，学校缺少了主心骨，教师们便都各行其是，谁也不服谁，教育部又委派吕凤子出任校长一职。潘天寿与吕凤子是熟识的。他从 1921 年开始就担任上海美专的教务长，与潘天寿是同事，其后又出任国立中央大学的国画组主任，1935 年，在丹阳建立正则女子职业学校，随着抗战的爆发，他将正则学校迁往重庆璧山，教育部部长陈立夫找到吕凤子请求他兼任国立艺专校长，他向陈立夫提了要求，艺专这才迁到了璧山县的天上宫，吕凤子校长则两个学校两边跑。为了不影响教务工作，他升了潘天寿的职，让他出任教务长，并设立了凤子奖学金，鼓励认真扎实的学风，其评选主任还是潘天寿。

从抗战以来，艺专仿佛被人施了魔咒，校长是一茬接着一茬地换，各种复杂的人事纷争充斥在校园，前面是林风眠和滕固，这下又轮到吕凤子了。按说潘天寿在这些人事争斗中，一直处于一个旁观者的角色，他不想去参与，只是一门心思搞好教学。但老天怕是偏要与他们作对，吕凤子与潘天寿这对老同事，反而在教学问题上出了大分歧，实际问题是中国画的教学到底是先临摹还是先写生。传统主义画家们在这个问题上分为两派，一派强调写生多一些，像傅抱石、钱松嵒，另一派强调心源第一，既然心是第一的，那体味古人之心自然被看得更重要一些，潘天寿便秉持这种观点，所以我们很少会看到 1949 年以前潘天寿的写生作品。

这次的分歧最终闹得不欢而散，潘天寿担心一旦先写生，那么那些西式的写生观会影响到民族艺术本身的特色，他无法在这样的国画系继续任教，但是艺专寄托了太多他的心血，一时更不舍提出辞职，于是干脆以休假为名，回到了浙江。据郝石林回忆，这件事给了当时国画系的学生以莫大的刺激，"当时有不少同学都认为今后学不到什么了，暗暗打算辍学"。

潘天寿回到浙江缙云，给予了独立支撑着整个家的何愔以莫大的安慰，而此时何公旦的身体状况已日薄西山，无休无止的空袭警报早已掏空了这位老人的心神，没多久便抱恨去世了。

缙云复杂的敌我情况，让潘天寿再次考虑搬家的问题，此时上海美专逃难的部分师生，在福建建阳，被合并到了东南联大成为艺术专修科，谢海燕主管，他曾在日本进修绘画和美术史，任过上海美专的教授，便向潘天寿递出了橄榄枝。潘天寿刚因与一位老同事的口角离开了艺专，又被另一位老同事邀请任教东南联大，但谢海燕与潘天寿之间的教学理念分歧不大，配合默契，潘天寿便答应了他的邀请，不仅自己能继续教学，而且一家老小也有了安身之地。同时，他也写信召回了只身留在重庆的吴茀之，信的内容是一首诗：

> 鱼蟹乡情定不捐，崎岖蜀道肯经年。
>
> 遍烽烟里春仍好，落屋梁间月正圆。
>
> 已识衣冠沦鲁壁，何须薇蕨问周天。
>
> 东南尽有佳山水，布袜青鞋待子旋。

吴茀之在重庆，思乡又思友，听闻潘天寿已在东南联大安定下来，便也起身前往福建。不久，东南联大解散，艺术专修科又被并入了国立英士大学，学校设在云和县小顺村。

谢海燕是个颇为干练的人，在他的带领下，英士大学的艺术专修科操持得有模有样，教师、学生之间关系和睦融洽，虽然身处困厄，但大家都能自得其乐，相互慰藉，算是在国仇家恨中的一丝温暖。在这种气氛的感染下，潘天寿竟也慢慢学着哼几句京戏，打几下太极拳作为消遣，再加上传闻欧洲战局日渐明朗，潘天寿也隐隐感到，法西斯命不久矣。

因此，当国立艺专再次敦促潘天寿回校时，他是不愿意的。不同的是，这次艺专是要请他回去当校长。

那潘天寿就更不愿意了。从抗战西迁以来，艺专的历任校长变换之快如走马灯，一旦有所闪失，招来的可能是激进学生们的抗议和教师之间的猜忌，这是一个费力不讨好的差事。原来潘天寿离开后没过一年，吕凤子便因心力交瘁辞去了校长职务，由陈之佛继任。陈之佛德艺双馨，虽然不擅政务，但是他力促将学校搬至磐溪，这里离重庆市区很近，交通便利，与其他大学有良好的沟通，能请到他校的教授们，为学生提供了丰富的教育资源。但问题是，教育资源丰富了，物质资源跟不上，国民政府那边更是吃紧，无法顾及艺专，一些老师因发不出工资而离开，学生们吃穿用度如同乞儿。陈之佛校长是老实人，没法去教育部争，只得自己奋力画工笔花鸟拿去贱卖，才算维持住了学校，可这种卖画筹资的办法又能支撑多久呢？没过一年，陈之佛便坚持不住了，力辞职务，坚决不去校长室。教育部没办法，只能另找人选，于是想起了在东南休假的潘天寿。

1943 年冬，教育部拍出电文，请求潘天寿出任校长，潘天寿坚辞不就，并退回了路费，这下不仅急坏了教育部，也急坏了艺专的学生们。一边是教育部连续电文，一边是学生们也在发电报，当他看到学生电文里那句"救救孩子"时，潘天寿还是心软了，他

百年巨匠
Century
Masters
潘天寿
Pan
Tianshou

国立英士大学欢送潘谢二先生赴渝合照，前排左四为潘天寿，左三为何愔

决定回校接过这个烂摊子，不能这么下去了。

　　但是要"收拾旧山河"，需有得力的"大将"。谢海燕的行政能力潘天寿是了解的，而国画教学只有委派吴茀之他才放心，但吴茀之不愿意去，好不容易在东南落脚，又要回重庆？

　　潘天寿表示得十分坚决，如果老兄不回去的话，这个校长我也不干了。吴茀之实在是拗不过这位老友兼恩师，于是也答应了下来。

　　1944年，三人回到艺专正式接任，潘天寿任校长，谢海燕任教务长，吴茀之任国画科主任。潘天寿同时请回了闭关创作的林风眠，他与林风眠虽然艺术思想不尽相同，但潘天寿仍记得林风眠当年的"知遇之恩"。当然，艺专现在人才凋敝，也只有老同事，才能重振当年湖畔的雄风。以林风眠为代表的一群老同事们，受到潘天寿的感召，重新聚到了磐溪的国立艺专。潘天寿也并没有因为他专画国画而轻视其他专业，在他的领导下，国画、西画、工艺、雕塑都受到了同样的重视。他拒绝了校长的生活特权，与其他教师们一起住教职工宿舍，晚上枕着两本《辞海》睡觉。治印课没有教员，潘天寿就亲自上阵，编写教材《治印谈丛》，也吸引了好多外校学生前来蹭课。艺专隐隐有复兴之象。

　　战争的局势也如同艺专一样，出现了希望的曙光。1945 年，日本投降，国共两党在重庆谈判，希望和平统一全国，建立民主政府。艺专也要迁回杭州了。

20 世纪 40 年代潘天寿与老友谢海燕在重庆

有人劝潘天寿趁机办一个画展，按潘天寿的习惯，他是不愿意卖画的，抗战前就是如此，抗战后，潘天寿更是反对当时的个展之风气。据高冠华回忆：

> 抗战期间，在重庆，个人画展，风靡一时，不少人是为名逐利。而先生却节衣缩食，毫不贪美，更不随波逐流。我曾建议他开画展卖点画，他说："国难临头，要多少钱有什么用呵！"当时有些人利欲熏心，而先生则"烽火连年涕泪多，十分残缺汉山河"，相去何啻天渊。1943 年，我自己在昆明、重庆举办了五次个展积累黄金百两。后来受先生感染，艺术怎么能被黄金污染？从此没有敢再开个展卖画。

但朋友的话也有道理，抗战胜利回到家乡，说不定早已今时不同往日，潘天寿又没什么积蓄，弄些钱补贴一下家里，要不然怎么生活呢。潘天寿于是在昆明办了一场个展，轰动艺坛，也卖出了不少作品。只待回到杭州，能过上安安稳稳的生活，可潘天寿没想到，抗战胜利后的中国，依旧危机四伏。

先是，各民主代表在重庆的会议，开展得就十分不顺，蒋介石一心想着把持权力，自然遭到了各方面的反对。进步学生们组织起游行示威，艺专学生也在队伍中。

潘天寿本不希望学生们参与外界的政治斗争，他在学校刷了大标语"清除一切党派"，其本身是继承了蔡元培的学院思想，学院是安心搞学术的地方，要用文化救国。

但是他不反对学生们参加这次游行，他也希望这次的民主会议能够开好，国家乱了这么多年，真的不能再乱下去了。游行前，他嘱咐学生们说，你们都是外地的孩子，有什么事情记得后退一点，不要被打伤了。这样的嘱托，没有什么豪言壮语，国家大义，更像是一个父亲对子女的爱护之心。

可并非所有人都尊敬潘天寿，尤其是掺入政治斗争后。新任教育部长朱家骅对潘天寿的不满加剧，并派专人来质问为什么支持学生们参加这种游行，艺专的训导主任拉起了学校内部三青团的学生们，开始倒潘，并以支持林风眠上台为借口，拉潘天寿下台。支持潘天寿的学生们哪里肯依，两派学生的矛盾越来越激烈，校园又变成了政治斗争的演武场。

这是潘天寿最不愿意看到的场面，他听说教育部有意裁撤他，他果断地答应了下来，但教育部却迟迟没有撤职的电文，陈立夫还想要保住潘天寿，朱家骅则支持徐悲鸿重回北平筹备国立北平艺专，相对而言，朱家骅本人更倾向于西方艺术。

另一方面，国立艺专马上就要迁回杭州了，校长此时万难变更，林风眠早已无心政事，潘天寿只能把迁校的大梁挑起来。他先坐飞机回到杭州查看校舍的情况，早已破烂不堪，他筹措资金，力图在 10 月开学前恢复校舍，学生们在重庆就地解散，化整为零，等到 10 月开学时在杭州重新报到。

潘天寿的家已经变成了日军的养马场，他的一箱箱书画印章早已不知去向，所幸家人还是团圆的，何愔带着孩子们回到了杭州，夫妻二人在两地都受了许多苦，但都不想让对方知道，怕惹得心痛与担忧。

抗战胜利后，谢海燕辞去了教务长一职，回到上海重新筹建上海美专。临行前，他请国画系的潘韵教授画了一幅《磐溪艺苑图》作为留念，并请历任校长题词，有林风眠、吕凤子、陈之佛和潘天寿，磐溪的风光对他们而言，已不仅仅是一片佳山水了，更多的是艺专从抗战以来艰苦历程的写照，潘天寿题词中也不禁感慨：

百年巨匠
Century
Masters
潘天寿
Pan
Tianshou

潘韵《磐溪艺苑图》

"虽山乡僻壤，然峦壑优美，林木萧森，至为幽静，在特殊时期中，
尚堪艺学研究之基地。乙酉芙蓉开后，寿题记。"

第九章 | 高峰铸意识

难得的悠闲时光成就了潘天寿崇高的艺术，天地的气势如暗流涌动，力量充斥在虚实之间，强骨与静气在画面上完美合一。

巨石巍峨

百年巨匠
潘天寿
Century
Masters
Pan
Tianshou

1945 年 10 月，艺专开学了，倒潘风波依旧继续。

三青团原本是抗战时期建立起来的青年组织，宣传三民主义和救亡图存，为抗战做了不少工作，但后来逐渐蜕变为蒋介石的"特务组织"。在这场倒潘运动中，自然也少不了三青团的身影。

倒潘运动被他们闹得声势很大，在多家报纸上都登载了此事，他们扬言要包围校长室，让潘天寿 24 小时内主动引咎辞职。潘天寿并不理会他们，虽然他早有辞职的念头，但也不是现在，遂了这些人的意。他干脆也不去校长室，也不作任何解释，关起门来读书画画。国画科的学生们坐不住了，开始与三青团的人对峙，力保潘天寿，各界对此次学潮的批评也接踵而至，倒潘运动才渐渐平息下来。

但潘天寿是认定了要辞职的，他通电南京教育部，但基本上都没有答复，或者就是不准。他一不做二不休，干脆只身去了南京找到朱家骅，说这校长辞不成就不走了。

朱家骅心里其实早有了人选，也就是汪日章，他早年在上海美专学过西画，正是朱家骅偏爱的艺术风格，另外汪日章是奉化人，与蒋介石有亲戚关系，还做过蒋介石官邸侍从秘书（兼侍从室第四组少将组长），国立艺专交给他，也算是交给了自己人。

好在虽然朱家骅不待见潘天寿，但汪日章是识大体的。他学的是西画，可对于国画系的巨擘潘天寿仍是尊敬有加，一段时间的相处后，更明白了潘天寿那种与世无争、一心教学的心态，所以学校很多事情，汪日章都与潘天寿商量着来，西画那边由林风眠撑起门面，汪日章与林风眠都曾留法，自然更亲近些。

20 世纪 40 年代的潘天寿

抛弃了所有职务的潘天寿体会到了"无官一身轻"的美妙滋味，他常说自己这校长做得是"焦头烂额，头盔倒挂"，既是自谦，也是自嘲。实际上，潘天寿并非不谙校务，而是不屑于在各种派系争斗中挣扎，他对艺专，以及自己的同事、朋友们，都保留着自己纯粹的热情。且不论是否任校长，其生活上一直保持着最为淳朴的品质。很多人都会说，他看起来就像是一位乡下的老农，或者看门老大爷。据宋秉恒回忆，潘天寿的日常生活十分节俭：

> 他不抽烟，不喝酒，好像也没有饮茶的习惯。渴了就喝一杯，喝完把杯子放回原处。潘先生不信宗教，所以不忌饮食，有什么吃什么，餐桌上青菜、萝卜、豆腐、时鲜瓜菜是经常的菜肴；潘师母自制的腌白菜，那是每餐必不可少的佳品，盐淡适宜，香脆可口，饭末吃上一筷，十分爽口。潘先生胃口很好，年轻时不论菜蔬好坏，每餐必定三碗，年纪大了，也还要吃二大碗。他说："大米饭是好东西，农民就是靠吃大米，身体扎实健壮。"他不喝牛奶、可可、咖啡，很少吃零食、点心、糖果。保持中国农家传统的饮食习惯。

辞职后的潘天寿也迎来了创作的第一个高峰期。因抗战的原

百年巨匠

Century
Masters

潘天寿
Pan
Tianshou

因，他曾经一路高歌的艺术实践也被迫中断。在西南沦落的几年时间里，他很少绘画，反而把大量的精力放在写诗上。现在的他拂去了身上所有的尘土，终于可以无牵无挂，一头钻进艺海中了，好多年没有过这样痛快的时刻了。

我们前面说到，潘天寿风格的成型在于"强骨静气"，这本是一对矛盾的概念，如何在画面上平衡这对阴阳矛盾成为潘天寿接下来要解决的大问题。《梦游黄山图》中"强骨"和"静气"的平衡是一种"格式塔"式的呈现，比如我们既能在其骨线中找到一种强劲的内在力量，又能从其理性的运笔过程中体味那种静穆的伟大。构图上，动、静两股力量也在相互拉扯。微妙的平衡，或许成了一种解决方式，但尚未完善。现在，潘天寿找到了新的图式，即"大石块"。

这幅《浅绛山水图》作于 1945 年，此时日本尚未投降，而题词中也表现了潘天寿对于时局的深沉感喟，左上角的两首题画诗为"俯水昂山势绝群，谁曾于此驻千军？万家楼阁参差起，半入晴空半入云""城外千樯集海鸟，上通巴蜀下姑苏。似曾相识浔阳路，夜泊船留司马无"。这两首诗出现于 1931 年潘天寿所作的《江州夜泊图》中，因此学者黄专、严善錞认为，此幅作品的意象也可以被纳入到"江州夜泊"系列中。左下角以隶书工整地又题一诗，曰："感事哀时意未安，临风无奈久盘桓。一声鸿雁中天落，秋与江涛天外看。"从这三首诗看去，第一首的重点在于其近景的山峦城镇，第二首则投射于其近远景之间的空白水面，第三首诗囊括全局，是三首中最接近于画面意境的一首。这种多首诗歌题于画面上，以多重意境营造画面境界的手法，也是潘天寿常用的。他认为诗对画的最大作用集中在"静气"方面，即诗与画之间的

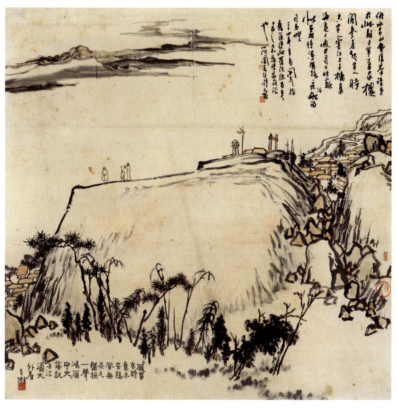

《浅绛山水图》1945 年

静美相通，境界互证，这是画外的功夫了：

> 诗之最高原则，则为意境、节奏、趣味、格律以及意境中
> 之渊深、浑穆、雅逸、超妙诸项。须以高超之天才，清醒之头
> 脑，灵锐之感觉，幽静之环境，精纯之情感，静观之态度，运
> 用其诗的技巧而出之。故诗的美感，可说是一种极高尚、极
> 精深、极幽静的美感。融入于绘画之中，决非"六法"中之
> "应物象形，随类赋彩，经营位置，传移模写"诸法，所能
> 解释。

　　但是我们重点要放在这幅画的形式层面分析，也就是"大石块"的运用。这种"大石块"几乎空勾无皴，占据了画面的中心地位，这往往是一步险棋。我们从潘天寿早年的作品中也能看到这种大块面的展现，一个原因是当时潘天寿的霸悍画风，大块面的呈现能更好地突出野逸之气，另一个原因是潘天寿为《芥子园画谱》起家，或多或少有其影响，画谱毕竟是版画，传统笔墨绘画丰富的肌理，是画谱展现不出来的，因此画谱更突出轮廓线的构造，这在明末清初的新安画派中也能窥其端倪，如萧云从、渐江的画风，也可能是受到了徽州当地兴盛的版画业的影响。

　　但是，这种扑面而来的大石块，却是万万没有的。这种大石块的构成，本身就是一种巨大的威压，如同是个强势的莽汉，要画面中的其他部分都存在于它的阴影之下。传统绘画往往不会如此，这种极端化的形式给观者造成的阻塞观感，是观者在欣赏山水时体味造化生生不息活力的最大敌人。但潘天寿偏偏不怕，对他而言，这种阻塞的大石块正是让观者体味其"强骨"精神的最佳表现。其轮廓线，因缺少了皴擦的介入，而以极端明确的样貌展示出来；大石块本身来自于其早年的狂野，同时也有对北宗山水的化用，"霸悍"一词常被用来形容北宗，那这种北宗山水式的大石块，可谓是"霸悍""强骨"的最佳表现了吧，如果我们记得1931年的那幅《青绿山水图》，其远景山水已有了这种大石块占据主体的倾向了，他在题画诗中就提到了北宗。

　　但我们知道，"霸悍"与"强骨"绝不是潘天寿画面表现的最终目的，为了达到"静气"，一方面是掺入三首诗的意境，另一方面就是从形式上破解大石块作为画面主体的强势、拥塞与单调，构成形式上的拉扯力量。在画面中，大石块周围散落着小石块，虽然没有分解大石块的强势感，但在某种程度上起到了平衡画面的作用，同时也解决了单调的问题，石块的散落分布如同平面构成中的韵律。大石块微微左倾，但又被左下方的一排树木与那坚实的隶书题款所支撑，不至于使画面的动势发展成山崩地裂的程度，稀松的枝叶伸入到大石块中央的空白中，仿佛以树木墨色之实，将本身作为暗示大石块中部实体的空白衬托得更为虚空，一定意义上平衡了阻塞感，在不同力量的拉扯下，主体石块的威压在建立的同时又被试图消解，两方力量都无可能占据绝对优势，静中含动的可能性也就在此达成。潘天寿对此画极为珍视，并一直将之悬挂于自己的画室中堂。

但此幅大石块尚未过分地占据主体，其阔远的一河两岸式构图也在一定程度上消解了大石块的主体地位。其后，潘天寿将"镜头"从远处拉向近处，一步步地触碰着形式的极点。

此幅《磐石墨鸡图》作于1948年，是一幅指墨作品。此处的大石块可以说是真正的主角了，潘天寿后期的"近景山水"实验在此时已显出端倪。相较于上一幅作品来说，这幅画的视角拉得

《磐石墨鸡图》1948 年

很近，几乎是在描绘自然中一个石块上发生的种种，但它的气势却冲出画外，基于潘天寿静中求动的法则，他将"主角"处理成一个向左倾倒的姿态，但他仍嫌不足，故在左上角的地方以浓墨加了一只墨鸡，鸡身上的空白巧妙地交代出墨鸡的生理结构。

　　面对这种欲倒之势，潘天寿又该如何应对呢？首先，他在画面右部伸出墨竹与兰草，题款细长但稳重，苔点圆浑，隐隐连向左侧的植物，三者不仅防止了主体大石块的单调感，且共同构成回拉的力量。其次，他将大石块的左下角埋于画面之下，如同一个楔子一样插进了土中，形成有力的支点，使回拉的力量有的放矢。最后，左下角再次题款，作为防止画面右倾的最后一点力道，使画面达到了近乎完美的平衡。

心阿兰若

　　除了在构图和笔线的平衡上寻求静气之外，潘天寿也试图在墨法上有所突破。也许有人认为潘天寿成熟风格中强烈的骨线造型，是不需要太多墨法介入的，这是很大的误解，实际上，潘天寿十分强调墨色变化，墨法与笔线、构图一起，营造了"静气"的画面氛围。

《水墨山水》1947 年

这幅作于 1947 年的水墨山水透露出潘天寿在墨法上的探索和努力。远景大石块向后与远山相连，与前作稍有不同的是，这里潘天寿对大石块质感的营造更为细致，用笔松灵，并不强调硬气的骨线造型，方折感减弱，圆转性增强，其近景坡岸的石块亦是类似处理。画面主体是一排树木，此处潘天寿也没有对树干的穿插有过多的经营，反而更加留心树叶的营造，其中墨色的浓淡，点叶的差异，在苍茫中理出层次，生纸的渍染和散笔的运用结合，毛茸茸的，催生出一派草木华滋的气象。题款中，潘天寿说道："画事能得笔外之笔、墨外之墨、意外之意，即臻上乘禅矣，此意近代唯残道者得之。丁亥腊梅开候，心阿兰若住持寿者草草并志。"他强调自己的这幅作品着意点即是在画外的，也就是整体的画意，而残道人指的是四僧之一的"髡残"，其墨法在四僧中独树一帜，不仅苍劲浑厚，且水墨淋漓之间，动势十足，不似龚贤墨法，凝重沉寂。因此，潘天寿此幅中墨法的探索，直接取自髡残，他很清楚，八大的墨色过于冷凝，石涛用笔长于运墨，髡残是他这方面的绝佳选择。潘天寿的学习过程是带着问题探索的，他不可能将自己陷于一人一家的风格之中。

若说上面谈到的在画史上都还算"正脉"的话，在指墨画上的探索是潘天寿高度个性化的产物了。在第三章我们谈到潘天寿着意于指墨画是对传统有意识的逆反，是其野逸画风的集中展现，但现在，成熟的潘天寿不再是曾经的"野小子"了，解决了思想纠结的他，虽然其艺术的外在表现仍旧是极端的，但内核逐渐转向了中庸。这一时期，我们看到了潘天寿如何将其理想的"强骨静气"融入指墨画中，并将指墨真正领入了民族艺术的堂奥。

指墨画成为潘天寿口中的"常变之道"。他以曾经的画之小技，作为创新传统绘画形式之参照，那种手指形成的拙感线条，似断非断，恰好符合了潘天寿继承自吴昌硕的金石趣味。在指墨绘画中，潘天寿如果想要表现块面状，则以手指背部蘸墨，徐徐图之。因为他觉得，手心肉太厚，画出来的块面如同一个面疙瘩一样，没有内骨，软塌塌的，而手指背部骨节突出，正可求之劲力。

这段时间潘天寿创作了大量的指墨画作品，除了前述《磐石墨鸡图》之外，还有《烟雨蛙声图》《盆兰墨鸡图》《松鹰图》《耕罢》《达摩》等等，题材涉及山水、人物、花鸟，几乎要运用指墨之法将传统绘画题材都试个遍。尤其是秃鹫题材，与其指墨相得益彰。他喜用豆浆纸画秃鹫，因豆浆纸特殊的肌理和自然晕渍效果，正能表现鹫之羽色。

潘天寿的一生创作了大量的秃鹫图，因为相较于鹰来讲，秃鹫这种丑陋的体态可以算作是另一种"拙"和"强骨"，且它的形象没有太多传统的拘束，就像是指墨画曾经不入主流一样，两者相合，可以爆发出传统未有的新活力。但此时的潘天寿万万不可能想到，对秃鹫题材的偏爱会成为他晚年的"罪状"之一。

但总而言之，潘天寿对画面内容的选择还是偏于保守的，他的选择标准是入画的，也就是"雅"的事物，这种情况一般出现于传统情结较重的画家身上，甚至林风眠、徐悲鸿也有这种倾向。学者石守谦指出，这些画家无法完全从他们的雅俗情节中解放出来，尤其是绘制抗战题材尤为突出，徐悲鸿几乎不正面描写抗日战士的形象，而是托物或者化用历史题材去抒发，关山月的《从城市中撤退》在当时也被批评其画面后半段的水天一色有"不合时宜的悦目感"。批评他的人多是左翼的艺术家，他们几乎可以抛弃传统雅俗题材的限制，直接描绘那些苦难的现实。潘天寿在抗

百年巨匠
Century
Masters
潘天寿
Pan
Tianshou

《灵鹫图》1948 年

战期间创作不多，如关涉到抗战，也多是从侧面抒发，如郝石林曾回忆潘天寿在天上宫时绘制了一小幅《残山剩水图》，虽画作现已不存，但从画题也能推知画面内容依旧是纯粹的山水。刘江也曾回忆，1945 年左右自己刻了一方印章，文字为"停止内战"，是仿汉印的，潘天寿对其摹汉印的路子予以称赞，但是对内容不太满意，认为这种文辞表达过于直接白话，不雅，且用的是如此古老的形式，就更不合适了。

实际上，现在的潘天寿更懒于对内战的事情发表什么看法，他永远是置身事外的姿态，某种程度上也可以算作是一种逃避，一种对世事心灰意冷的逃避。蔡元培 1940 年病逝于香港，李叔同 1942 年圆寂于泉州。先生们都走得太仓促了，留下他自己孤苦伶仃地存活在这世上。他年轻时曾有过出家的念头，但被李叔同浇了一盆冷水。他的身体虽然出不了家，但心灵却时时追随着这位人格偶像，他给自己起名"心阿兰若住持"，所谓"阿兰若"者，"阿"为无，"兰若"为喧杂，连起来即"无喧杂处"，是僧人们修行的清净地，而潘天寿的心就是那无喧杂处的一个老住持。外界的喧杂，一则是人事之争，多少政治的尔虞我诈在原本神圣的校园里，上演了一出出闹剧。二则是当下南北双方、国共两党的征伐，兄弟阋墙，在潘天寿看来真是无必要的事。何况内战一起，国民党又加强了对后方的管控，各种暗杀、抓捕、污蔑，潘天寿以为抗战结束便能脱离苦海，后来发现不过是自己的一心痴想而已。

他尽量回避与外界人事关系的纠缠，当时的达官显贵们找他作画，他都尽量找托词拒绝，号"懒道人"自嘲，他经常说自己懒得要命，一拿起画笔来就想睡觉，实在是只"懒猫"。但我们知道，这段时间反而是潘天寿创作的一个高峰，他的"懒"号渐渐在社会上传开了，也就没什么人再找他求画了。

平静成了潘天寿当时所求的最后一点慰藉。平静的人事、平静的西湖、平静的艺专，这几年过惯了喧闹的生活，或许早就应该静一静了。虽然他知道，平静的表面下往往有暗流涌动。

百年巨匠
Century
Masters
潘天寿
Pan
Tianshou

第十章 ─ 蛟龙潜于渊

树欲静而风不止，潘天寿似乎注定无法避开外界的风云变化，新中国早期的左翼艺术思想，否定了潘天寿的毕生努力，民族艺术是成是败，真的要从头再来吗？

转变之始

百年巨匠
Century
Masters
潘天寿
Pan
Tianshou

1949 年，刚开年没两个月，平静的艺专炸锅了。

"国民党无条件投降了！中国共产党万岁！"

一声声欢呼划过校园，所有人都闹不明白怎么回事。本来就已经风声鹤唳、草木皆兵的国民党、三青团们吓坏了，都以为是解放军入了城，连夜开会商议逃跑的事宜。

确实是共产党进了城，但只有一人而已。这个欢呼者叫林一鹤，是艺专的学生，同时也是个地下党员。据林一鹤回忆，那天他买了份"号外"，上面写着国民党向中共提出无条件停战。这位青年高兴过了头，以为无条件停战就是无条件投降，于是奔走校园欢呼雀跃，但他这么一叫，反而把自己暴露了。

等林一鹤回过神来，明白了这是一场停战阴谋，自忖在学校待下去估计要被解决掉，就干脆逃跑了。不久，他在白堤远远地遇见一位先生慢悠悠地溜达过来，正是已经辞去院长职务的潘天寿，他看到了林一鹤，走了过去，笑着握着他的手说："都说你是'江南雄鸡'，哈哈哈！以后可要小心……"

到了 5 月，杭州果然解放了。

"现在你可以大声喊了，为什么不喊？"潘天寿依旧不忘打趣这只江南雄鸡。

其实对潘天寿而言，共产党进城远没有像国民党说的那么可怕，报纸铺天盖地的诋毁式宣传让很多市民都慌了神，有人来劝他说："潘先生，去台湾躲躲吧。"但他本身对国民党并没有什么好感，而且刚刚从川滇返回江南没几年，又要逃，逃到什么时候是个头呢。

潘天寿就此在去留问题上做出了抉择。

在国民党治下从政，已经让潘天寿感到厌倦。前几年，他好不容易摆脱了繁杂的职务，安心创作了一批作品，对自己初创的风格进行了最大程度上的洗练和反思，进入了和谐的境界。

就这样创作吧，世事繁杂，学学李叔同先生，远离人间世，其乐融融，没有什么不好的。不管是共产党还是国民党，自家的内战，实在是没什么意义，都是中国人，又不是洪水猛兽，谁进城与己何干呢？

1949 年 6 月 7 日，曾经被汪日章开除的倪贻德带着他的夫人刘苇回到了学校，不过这次归来，他的身份已是杭州市军管会的军代表，来此接管艺专。

9 月，延安的鲁迅艺术学院美术系主任江丰带着周扬的介绍信找到了人在上海的雕塑家刘开渠，希望刘开渠出任艺专校长、倪贻德任第一副校长、江丰任第二副校长兼党组书记。

从这几位的学历背景中，可以感受到新中国对待艺专的态度。刘开渠在法国学习写实雕塑，与左翼艺术家契合得很好，而且他从 1933 年就在艺专任教，所谓自家人好办事。江丰就更不用说了，他曾是一名热血沸腾的青年，践行着鲁迅的艺术观，组办"上海一八艺社"和"春地画社"，创作了大量的左翼艺术作品，还被国民党当局拘捕过。1938 年进入延安后就一直参与延安艺术思想的制定与实施。

换句话说，艺专即将成为主张写实主义和左翼艺术思想的新阵地。

潘天寿、吴茀之等艺专老人都留了下来，林风眠也没有离开，但对于教务方面的事，他们现在都插不上手了。

面对这种情况，这些艺专老教师只能观望。稍稍安心的是，大街小巷上毕竟充满了喜悦与激情，和国民党时期肃杀沉闷的氛围已大为不同。

1949 年秋，新中国的建立已到了筹备阶段，在北京，中国人民政治协商会议第一届全体会议召开并制定了《共同纲领》。我们目前并不清楚潘天寿当时有没有第一时间关注这份纲领，但在其中，一个重大问题正在悄然而至，是一个他从来未曾直面过的问题。

先来看看表面上的困惑吧。《共同纲领》第五章"文化教育政策"中：

> 第四十一条，中华人民共和国的文化教育为新民主主义的，即民族的、科学的、大众的文化教育。人民政府的文化教育工作，应以提高人民文化水平、培养国家建设人才，肃清封建的、买办的、法西斯主义的思想，发展为人民服务的思想为主要任务。
>
> 第四十四条，提倡用科学的历史观点，研究和解释历史、经济、政治、文化及国际事务。奖励优秀的社会科学著作。
>
> 第四十五条，提倡文学艺术为人民服务，启发人民的政治觉悟，鼓励人民的劳动热情。奖励优秀的文学艺术作品。发展人民的戏剧电影事业。

那么问题来了，封建的、买办的、法西斯的艺术具体指哪些种类的艺术呢？没有明确指明。

传统风格的作品是不是封建艺术呢？

用科学的历史观点解释历史，那是不是说 1949 年以前的艺术理论研究要推倒重来，通过历史唯物主义重新解释呢？

若是说这些问题还都是可见的，另外还有不可见的困难，已经逼近了像潘天寿这样的从旧社会过来的画家。他前期所致力的"民族艺术"的确立与艺术教育的实施，在此都面临了巨大的冲击。

我们回溯一下近现代以来艺术发展的流变，可以看到有两方面在 20 世纪 50 年代初被明显放大了，一个是艺术的政治化，一个是艺术的大众化。

从古至今，艺术与政治一直有着千丝万缕的联系，但是很少会有这种联系的自觉。近代以来，蔡元培等人开始提出美育救国，这种自觉便建立了，而且是一种双向的，但即便如此，政治与艺术之间的有意识干涉依然有限，历史上除宫廷艺术外，其他艺术不必非要受政治力量的最直接影响，近代亦然。像潘天寿这样的画家即使想让自身创作远离政治也无不可，而很多艺术家在国难焦虑的情况下会将自己的作品向政治、社会靠近，最为彻底的是左翼艺术家团体。总的来说，民国时期，艺术对社会、政治的兴趣偏向要稍大一些。但 1949 年之后，政治反过来对艺术给予了强大的关注。这个基调其实在延安时期就已经奠定下来，因此左翼艺术作品成为宣传独立和抗战的最有力武器。在政治的要求下，传统主义的画家再也无法躲进自己的一方天地，他们必须求证传统艺术创作新的正当性，才能使传统得以留存下去。

另一方面，艺术的大众化其实与艺术的政治化是一对纠缠的概念。对于抱着美育救国思想的一代艺术家而言，艺术既然要救亡图存，唤醒民智，就要让艺术走向大众。但在程度上，不同的艺术家有不同的想法，当艺术彻底走向通俗化之后，艺术自身的价值是否还能保留得住？传统主义者的一般选择是拒绝，像黄宾虹、溥心畬；而改良主义者如林风眠、徐悲鸿、高剑父等人对这件事也都持有折中的态度，他们可能会选择一些象征性的意象去映射现实，但是这些作品对接受者的要求毕竟还是要能解读出这些意象的，比如说徐悲鸿的《田横五百士》，我们很难想象在普及教育都没有实现的当年，有多少老百姓能读懂作品中的悲剧性和英雄主义的意涵；当然，最为大众化的还是左翼艺术家们，而且他们的主要阵地如版画、漫画等都是传统挂碍最少的艺术种类。传统的艺术观，尤其是笔墨观包含着的文人精英主义。那么现在，如果要一个传统的艺术家走向大众，他到底有几条路可以选择呢？

这些问题就都落在了潘天寿的肩上。虽然看似只是两个问题，但实际上却互相关涉，难度更大。在目前坚守传统的画家中，已没有几个人有条件、有能力来担负这些任务了。

徐悲鸿《田横五百士》（布面油画）1928—1929 年

但第一件事就让他感到了问题的棘手。

江丰初到杭州艺专，便让刘开渠跟潘天寿说："以后不要画山水、花鸟了，改画人物画吧。"这个要求也不仅仅是针对潘天寿的，艺专的先生们基本都要遵从这个决定。

这下子是真的睡不着觉了。

第二天，江丰在报告会上热情洋溢地介绍了毛泽东主席延安文艺座谈会的讲话，"文艺就把这种日常的现象组织起来，集中起来，典型化，造成文学作品或艺术作品，就能使人民群众惊醒起来，感奋起来，推动人民群众走向团结和斗争，实行改造自己的环境"。

那么什么样子的艺术能符合这个要求呢？按江丰的说法，必须是写实人物画，最好是油画。

20世纪50年代初期，普遍认为油画是可以画大画的，在宣传效果上最好，也代表了一种视觉权威。版画、漫画虽然利于宣传，但是总归不那么正式。而在油画和写实背后，笼罩着一种国际主义的意味，说白了就是全世界人民都能看得懂，都能接受的。共产主义中的国际主义倾向在这段时间的艺术宣传中展现无遗，因为最终的目标不仅仅是中国的解放，更是全世界人民的大解放。写实主义与共产主义理想的结合，不仅关乎当下，也关乎对未来的预期。

而对于潘天寿而言，最先毫无困难地接受的，即"为人民的艺术"这一点。这是他对于艺术本质问题的过渡与接受，只有在此认同的基础上，潘天寿才会义无反顾地试图在传统艺术思想与共产主义之间寻求一个桥梁。我们前几章也说到，潘天寿与林风眠、徐悲鸿等人的教育思想虽有不同，但同样是倾向于一定程度的艺术大众化的。他的出身也注定了他对底层人民一直保持着一种关怀和悲悯，但潘天寿所经历的传统文人式的教育也在影响着他的抉择。因此，实际上他走上了最为艰难的那条路，即文人思想的大众化。他的艺术思想建立在文人式的人格培养之上，人格教育的大众化将会导向传统文人画风格的大众化，说得直白点，他想让大众都或多或少地向文人趣味靠近。"为人民的艺术"，甚至可以说这正是潘天寿所期望的。

方向是奠定下来了，这就表示潘天寿不会像他的上代人，如吴昌硕、王一亭那样与大众保持若即若离的关系或者彻底划清界限。

但是线路呢？新中国替潘天寿做出了第一个选择，先从艺术的题材上开刀，既然艺术为了人民，很简单的逻辑，那就直接去描绘人民的劳动和生活。左翼艺术家都已经转向了，中华人民共和国成立，代表着他们的理想社会已开始建立，除了赞扬人民，还有什么更能表达他们内心的激动呢？

新中国希望这些传统的先生们支持当下的文艺工作，实际上也将他们视为小资产阶级文艺家的代表，要对其进行改造，希望他们能收起知识分子的孤傲，与群众打成一片。1950 年 1 月，在莫朴的带队下，艺专师生们到杭州郊区萧山义桥乡体验生活。

农村出身的潘天寿一直保持着节俭的习惯，据潘天寿的同事、学生宋秉恒回忆，潘天寿于学校与家之间的来回，有车不坐偏爱走路。而且胃口很好，米饭两碗三碗地吃，粗茶淡饭即可。下乡期间，有的老教师对集体生活有了不适应，潘天寿反而轻松自如。其他人除了跟农民们打声招呼，说点"大伯""辛苦啦"之类的寒暄话，也不知道再该讲些什么，潘天寿却能和他们聊一聊庄稼的收成，气候的旱涝，和农民之间的距离近一些。也是在这段时

潘天寿在义桥乡体验生活

间，他下定决心去试验创作了一些人物画。《踊跃争缴农业税》就是在这期间完成的，研究潘天寿的学者们大多会关注到这幅画作，因为和其他作品比起来，这幅被中国美术馆收藏的画作的题材充满时代特色，在其中我们可以寻找到潘天寿对当时的形势所做的一种回应。

在这幅画中，高高的河埠头与屋宇占据了画面的中心，画面下方是河道和载着粮食靠岸的农船，农民们拾级而上将粮食运往缴税处，房子后方的坡岸上几株老树已经冒出了新芽。墙上贴着关于农业税的标语，右下方是潘天寿的隶书题款："杭县三墩区义桥乡人民踊跃争缴农业税写真，一千九百五十年一月中旬，寿。"

寓意直白而浅显，看似已脱离了传统文人画表达主题的曲径通幽。但潘天寿运用了讨巧的法子处理了寓意的表现，其中包括对大量传统形式的改造。

《踊跃争缴农业税》1950 年

　　画面构图直接脱胎于山水，潘天寿以强硬的骨线造型，将大石块转换成河边的平台，将山峰转换成传统民房和屋顶，屋顶后还有老树的枝干冲出至画面顶端，与人物行迹、船头一起构成一条S形的动势，以打破屋宇、平台过于稳当的弊端。同时他取消了对近景的构造，使观者穿过河流直接面对中景的缴税场面。这个场面仔细比较也与古代的渔乐图有着近亲关系，可以说是对渔乐图的现代转译，渔乐图原本蕴含的隐逸思想被消解，取而代之的

百年巨匠
Century
Masters
潘天寿
Pan
Tianshou

是理想社会在当下的实现。楼梯后半段被平台遮隐，如同传统山水中延伸入深山的石阶。后方的老树新芽一方面交代绘制时间为初春，另一方面也暗喻在党领导下的中华人民共和国正是初春时节，潜力无限，充满着对美好生活的愿景。

所以此图虽然是人物画创作，但实际却是潘天寿基于现实的要求，对山水画进行的一次尝试性改变，只不过人物比传统渔乐图中的要大了一些而已。

同类型的人物画现存四幅，虽然莫朴等一批艺术家对潘天寿的改变给予了赞同，但是最终效果却让潘天寿感到非常无力与无奈。他在《自述》中坦诚"真是六十六，学大木，非常困难"。"大木作"是浙江方言中对造房工匠的称谓，六十六岁学造房这种大体力、大技术的活计，困难自然是翻倍的。

可困难还不止这些。新学年伊始，一些教中国画的先生们发现学校已经不安排他们上课了，没有课上，一切所谓的普及和传承都是枉谈。

1950年，中央美术学院在北京成立，国立艺专改名为"中央美术学院华东分院"，实用美术系的一批教师调至北京组建中央工艺美术学院，艺专失去了一大批教学人才，同时潘天寿、吴茀之等中国画教授又被指派组建民族美术研究室。潘天寿作为研究室主任，为学校整理民族美术遗产资料，更加远离教学。但毕竟也是从另一个角度去支持民族艺术，所以在研究室的三年时间中，潘天寿依然尽职尽责，殚精竭虑。他与吴茀之、诸乐三等好友尽可能地为学校购买古代书画作为教学资料，有时见到好画，即便知道可能是后人仿品，但只要用笔传神，格调高雅，适合用于教学，必然收入库中。他仍旧固执地重视人格画格，凡有艺术家人品不高的不收，绘画主题恶俗的不收，他无法想象那些品格低下的作品，如何作为范本出现在学校的教室中。

1951 年，学校组织教师们去安徽霍丘石店埠参加"土改"，可能进一步促进了潘天寿的思想转变。那种极度的贫困，就算是经历过抗战、辗转西南的潘天寿也没有料想过。这让他开始重新思考新中国的一系列政策，另一方面也减弱了无法教书的委屈心理。"土改"结束后，他开始认真阅读《在延安文艺座谈会上的讲话》等书籍。潘天寿相信，现在的政治政策是正确的，能让底层困苦的群众一天天地过上好日子，但自己的授业恩师们教给的对传统的尊敬也是正确的，这两者之间一定可以做到一种兼容，为人民服务为什么一定要抛弃传统呢？潘天寿开始从共产主义的文艺观中寻求答案。

可有时手还是会痒，潘天寿总是忍不住去画一些花鸟、山水，聊以自娱罢了。作于 1950 年的一幅《渔矶罢钓图》和 1952 年的一幅《芒草》，皆是指墨，在题款中，他感慨自己许久未做指画，"偶然落墨有怀铁岭高且园矣"，但"世无铁岭，谁与同赏"，深深的落寞与无奈充斥心头，期间他也曾为民族艺术疾呼，但始终没有什么效果。

1952 年，刘开渠、倪贻德奉调北京工作，莫朴任中央美术学院华东分院第一副院长兼教务长，这一年，美院开始系统引进受美术界高层青睐的契斯恰科夫体系，素描成为美院学生一切造型的基础。通过写实去追求艺术的真精神，正如同徐悲鸿所期待的那样。

民族艺术

不知道潘天寿有没有准备好去把握住机遇，但机遇确实慢慢降临了。

1953 年的 2 月，中华全国美术工作者协会与中央美术学院华东分院联合为黄宾虹举办了"画家黄宾虹先生九十寿辰庆祝会"，潘天寿与吴弗之都受邀参加了庆祝会。

黄宾虹确实是一位富有传奇性的人物，这位早年的革命志士，在变法受挫后愤而在山水中寻求艺术之真精神，民族之真骨气，几十年如一日地坚守着传统。他对西方的态度更像是一种旁观，甚至到了晚年，依然以旧有的格致观念去看待西方科技，如同曾经的士大夫一样。他的世界观中充满了从宋明时期流传下来的理学模式，以及明末清初的遗民哲学家坚持的经世致用思想。他以金石笔法入山水，将一股强劲的风气注入已然萎靡的四王风格，以至衰年变法，山水混沌如太朴不散，正是黄宾虹所期望的最佳的道德境界的抒发。

俗话说"家有一老，如有一宝"。此时的中国艺坛北有齐白石，南有黄宾虹，他们不断地向世人展示着传统精华生生不息的活力。1948 年徐悲鸿挽留黄宾虹待在北京，这位老先生的回答很有意思，说你若是能在这儿挖出一片西湖出来我便留下。"是则湖山常不老"，黄宾虹将杭州栖霞岭作为自己的最终归属，湖山是不老的，但是人已耄耋，前几年他的眼睛因为白内障的原因近

百年巨匠

Century
Masters

潘天寿
Pan
Tianshou

黄宾虹《拟宋人山水》

乎失明，这对于画家来讲本来是很伤感的事情，而黄宾虹正是在此时使自己进入到炉火纯青的地步。20 世纪 50 年代初虽也因画风遭受了一些批判，但难改其志，依旧不停地画着他的"黑团团、墨团团"。

同年 1 月在北京，中央也为齐白石召开了"齐白石九十岁生日庆祝会"，两位老寿星都在会上获得了"人民艺术家"称号。这仿佛是一个重要的表态，也就是说，从 1953 年起，中国传递出欲重新重视传统绘画的信号。为什么会有这种转变呢？其中或许有着对全局的考量。

我们知道，中国从皇权社会转入新的独立的现代社会，对于一个现代国家而言，民族认同的强调是立国的根本，是将个人整合在共同体中的有力武器，国民党在整合全国力量时就高度标榜了自己的民族主义。相对而言，左翼艺术思想更偏重于一种国际主义的奋进。但 50 年代初期，关键问题并不在于革命的输出，而是新中国成为现代国家的稳固条件是否充足，尤其是中国作为一个多民族国家，对稳固更有需求，更要牢固树立一个坚不可摧的大国形象。

民族认同感被提倡，传统艺术的话语权在逐渐回归，中国人内心深沉的传统情结，使古老的文化被重新提倡、强调。

1953 年 9 月 23 日，中国文学艺术工作者第二次代表大会在北京中南海怀仁堂开幕，潘天寿受邀参加了这次文代会，当时的文联副主席周扬作报告，其中就已经显示出对传统艺术认识的改观：

　　我们对民族绘画、雕塑、建筑艺术的全部遗产还没有给予应有的重视和系统的研究。民族画家正在开始探索如何改进和发展中国古老的绘画艺术的形式，使之和新的创造任务

相适合。这是十分必要的。不解决这个任务，民族绘画的优
秀传统就不能继续发展 …… 一切不愿落在时代后面的艺术
家都必须懂得并努力地适应群众的需要和爱好。

如此一来，对传统绘画的坚持在国家的层面上被认定为人民
所需。虽然在延安文艺座谈会上，毛泽东主席也曾谈到过对待传
统艺术的问题，但当时仅是将之定义为一个分流，重点是在强调
人民为源的问题，而从没有像现在这样把对传统的继承上升到人
民需求的程度上。

这种强调与潘天寿的思想不谋而合。基于此，潘天寿抓住了
这个机会，理清了将民族艺术关联于社会主义建设的思路。

其一是精神食粮论。

这不是潘天寿的首创，但他很喜欢从这方面去论证艺术与理
想社会之间的必然联系。艺术之于精神生活的论述在 1949 年以
前就常会见到，而此时，在社会普遍推崇生产和工农的情况下，潘
天寿作了如下对比：

物质食粮之生产，农民也。精神食粮之生产，文艺工作
者也。故从事文艺工作之吾辈，乃一产生精神食粮之老艺
丁耳。

这种与农民并驾齐驱的地位，彰显了艺术家在新社会中的不
可或缺。没有粮食就会饿死，那没有精神食粮呢？自不必说了。

革命的最终目标，是为全民造幸福；全民的幸福，就是将全民
的物质生活与文化生活，提到符合理想的最高水平上。

文艺是推动社会进展的有力武器。

这样，艺术之于理想社会，不仅是目标，也是达成的手段。

但仅仅是这一方面，也只能说艺术对社会的重要，那为什么

百年巨匠
Century
Masters
潘天寿
Pan
Tianshou

非要是民族艺术、传统艺术呢？

这就会涉及第二点，即常变观念与社会进步观的联系。我们可以看看潘天寿在 1949 年以前对常变观念的经典解释：

> 艺术之常，源于人心之常。艺术之变，发于人心之变。常其不能不常，变其不能不变，是为有识。常变之道，终归于自然也。

虽然进步观在 1949 年以前就在社会上流行，但此时潘天寿的常变观念还没有和进步观联系。他所说的常与变如同自然的两面，是一种回环的结构，而不是单向的前进。其次，常变是造化之规律，但常变的主体却是人心，也就是潘天寿所强调的人格。常与变是潘天寿思想中人格修身的重要组成部分。投射到绘事上，常与变的主体是心，但是参照的对象则是传统。常是延续传统之常，变是针对传统之变。

那现在呢？

> 继承前人，目的是为了革新。继承是手段，这个问题的重点是革新。中国画应该不断革新。

这就不一样了。那种对等的，阴阳二元的，最终圆融于自然的观念结构彻底转型。继承成为革新的手段，也就是将常置于变之下。

但同时，推陈出新的问题并没有脱离人格修养：

> 艺术上的变革，离不开现实生活。现代的社会，生活环境起了变化，人的思想意识必然起变化，艺术也自然会有变化。所谓新，不仅是新题材、新内容，更重要的是新的感受，新的意想。

这里已经向共产主义式的人格修养偏移，从追求一种变动中的圆融转为基于社会的思想意识不断向前迈进，但是圆融的思想并没有就这样消失，而是掺入了进步的观点中，常变得圆融，成为进步的手段。这种掺入实际上也只有在 1949 年以后才能得到认可，因为马克思主义与近现代中国其他主义的区别正在于浓厚的黑格尔式辩证否定观，这种观点恰好与传统的辩证法契合。在这种理念之上，进步的基础便与传统紧紧地联系了起来。不管你是完全的传承也好，改良也好，都要在传统的基础上。离开了传统，不仅是违背艺术规律，更重要的是违背了马克思主义科学的历史观点。

民族艺术的崛起，似乎已成定局。

第十一章 ｜ 居高声自远

如何让传统艺术形式在新中国的艺术语境下存活延续，是潘天寿面临的新的挑战。他的一系列努力和改革，成功塑造了当代人心中对传统艺术的认知。

中得心源

　　1954 年，华东美术家协会在上海成立，潘天寿应邀出席并发言。他回忆了曾经李叔同泼给他的冷水。他曾去杭州烟霞寺找过李叔同，对老师说他也要剃度做和尚。在那时的潘天寿心中，凡画品高的艺术家不是和尚就是道士，不食人间烟火是他们成功的关键。李叔同却对年轻的潘天寿说："尘世多烦恼，有斗争，出家人之间的斗争、烦恼，并不比尘世少，有的地方，可能更厉害。"我们猜想李叔同对潘天寿说这些话的目的，可能在于劝他既然想求得画品的高逸，就不必非要从外在形式上下功夫，关键在于内心的探索。或许是李叔同认为当时的潘天寿出家的目的性过强，会适得其反。而潘天寿讲这个故事实则是向在场的人们强调，1949 年以前的传统绘画是孤傲的，出尘的，颇有一种独善其身的味道。潘天寿紧接着谈到在读了毛主席的《在延安文艺座谈会上的讲话》之后对艺术之于人民的作用有了深刻的理解，这也是在宣称传统艺术在 1949 年以后将真正开始彻底走向人民。当潘天寿在此谈到人民时，人民是中华民族的人民，所以他最终落脚到代表人民的民族艺术之上。这是潘天寿 1953 年之后在公众场合融合民族艺术与社会主义文艺观的开始。

　　风气逐渐向潘天寿倾斜。这一年的《美术》期刊中，发表了莫朴、王逊等人对国画问题的看法，总的来讲是对前期民族虚无主义的一种反思和批判。对国画遗产如何继承的讨论在美术界展开，已成为一个不容忽视的热点话题。

同时，名大多压身，订单开始纷至沓来。在新中国如火如荼的基础建设中，大量的新公共建筑，如宾馆、饭店等相继落成，使得室内装饰需求大增。主事者开始托人向潘天寿打听，能否为他们创作一些作品，为他们的空间增光添彩。

潘天寿不会拒绝这种请求，一来是前几年停课之后，工资也相应变少，家里生活确实拮据。但更重要的是在公共场合张挂传统绘画，是一种对民族艺术极好的宣传。

而且对于国画不能画大画的批评，潘天寿更加不服气。

那就试试看吧，这位老先生旺盛的创作活力，如同弹簧一样在压抑过后，终于火山喷发式地喷涌而出了。

我们可以把这期间潘天寿的创作分为两类，一种是在形式上深入探索的实验性作品，一种是具有社会意义的寓意性作品。当然这两类并不是泾渭分明的，潘天寿也会在他的寓意性作品中展现高度的实验性，这正是他走向一代大师的那份自信。

说到实验性的作品，最为经典的是他的变体创作。一种是他对古代大师风格的重温，另一种是对他早年绘画题材的反复创作，我们在前几章也提到过这个问题。

1953 年，他作《焦墨山水图》致敬八大，题曰："个山僧曾题其所画焦墨松石曰：'此快雪时晴图也。'今予偶作山水，山间树间寒白似积太古雪，亦可以个山僧题松石语题之，然画材意境则全（不）同矣。原画事须在不同间求同，黑白间求致，此意个山僧已早知之矣。'全'下脱'不'字。癸巳炎暑作此，以为清凉之药。寿并识。"

焦墨山水一直是潘天寿所钟爱的形式，此图中，画家彻底摒

《焦墨山水图》1953 年

弃了墨色的变化，而以焦墨直接进行作品的绘制，浓黑的墨色会直逼观者的眼睛，让你没有任何缓冲地去体会笔线的走势及黑白之间的分割关系。

在风格上，与其不痛不痒，模棱两可，还不如走极端。

仔细比较八大山人与潘天寿的两幅作品，我们可以看到面对焦墨绘画，潘天寿与八大山人所显现出的气质不尽相同。潘天寿画中的岩石倾向左端，于是主松的下半段也被这种倾倒所挤压。松树的形态成为画面中最强烈的动势。潘天寿笔下主松的细节更为丰富，生长有厚厚的松针和双钩的藤蔓植物，并在其后方压下了一块硕大的山体。分析这两幅作品的起承转合，都是以画面下方的山坡与树根作为起，而以画面上端为结。八大山人的作品是轻松愉快的，结点轻柔而绵延不绝；潘天寿的结点则如同交响乐中最后的重音，昭示着一种宏大的终了。

当我们去追问为何潘天寿会做出这种处理时，答案往往是复杂的。潘天寿的个性与艺术思想使其对强硬的骨线和方折的构图有着极大的兴趣，而他更期望的是将这种独创的风格与他所敬仰的大师进行交流，在变体的过程中吸收八大原作里含蓄的抽象精华。甚至说，他将这种传统中的抽象精华进行更为形式化、夸张化的表达，正是希望突破传统绘画发展至今的困局。

这张作品同时表明，即使潘天寿接受了社会主义艺术观，他内心中浓厚的文人式的历史感也从来没有被消解掉。当他在绘制这幅画时，所想到的不仅仅是题款中惺惺相惜的朱耷，还有被视为文人画典范的黄公望和书圣王羲之。王羲之对雪后初晴的欣然快慰促

朱耷《快雪时晴图》

成了《快雪时晴帖》的诞生，几百年后，黄公望吟咏快雪时晴之佳想，又作《快雪时晴图》赞之，"快雪时晴"的意象，在时空流逝中感染了黄公望、朱耷，终于也感染到了潘天寿。"山间树间寒白

百年巨匠
Century
Masters
潘天寿
Pan
Tianshou

似积太古雪",四人如同在雪中围炉夜话,通过作品,潘天寿达成了与古代大师的心灵感应,不仅仅是艺术上的,更重要的是人格上的。

《焦墨山水图》中仍旧能体现出潘天寿对传统的依恋,另一系列的《江州夜泊图》变体则是对传统情节的淡化和对形式探索的进一步专注。

前面我们曾分析过,潘天寿对"江州夜泊"的题材如此钟爱,在于主题中对浔阳江上的白居易、黄泥坂上的苏东坡和南窗寄傲的陶渊明的一种追思,更像是潘天寿人格偶像的集合。1945 年潘天寿在重庆作《江州夜泊图》,与 1935 年的作品相较,对双松的关系做出了进一步调整,并使得其横、纵的对比感进一步扩大,同时,前幅作品隐于画外的绝壁高山也在这幅图中有了最直接的表

《江州夜泊图》1953 年

现。但 1953 年的这幅《江州夜泊图》中，他又回归了自己 1935 年的构图，而松树的繁简对比则是选择的 1945 年那张画中的变化。1953 年的《江州夜泊图》是一幅指墨画，我们可以看到潘天寿对指墨的表现已经成竹在胸了，这样一种明清以来的"小技"在他的手中散发出无与伦比的光辉，它的效果已经超过了很多以毛笔创作出来的那些所谓的正统的艺术门道。这幅画的题款并不突出，非常低调地被安放在画面右侧的石缝中，仿佛艺术家唯恐画中的题款打扰到作品内在宇宙的生发与创造。题款内容非常简单，没有前几幅《江州夜泊图》中的"长篇大论"，如果我们仔细看过去，发现经常出现在小船中的那几位对酌的行旅者已经消失了，整个画面中原本赋予观看者的那个情感

《江州夜泊图》1945 年

寄托的位置被剥夺，代之的只是对平面形式无穷的关心。这种转变可能与 50 年代初的政治风气息息相关。

　　1954 年，潘天寿再次为这个题材创作了新的变体。

　　这幅画又回归到了长幅，主松的揖让关系与 1945 年的画作接

近，但是两树之间的夹角没有那么夸张，岩石与树木在二维平面中优雅地做着不等边三角形的切割，仿佛它们只是画面的边界，而空白才是主角。船中出现了旅人，他倚着窗框抬着头，注视着

百年巨匠
Century
Masters
潘天寿
Pan
Tianshou

《江州夜泊图》1954 年

画面中心的主松。左上方的题款是一首诗："飞帆如叶下轻舟，千里江城一日发。莫问浔阳旧司马，昨宵灯下抵瓜州。"诗中流动着一股动人的轻快，其中还化用了李白的那句"千里江陵一日还"，据学者黄专与严善錞的研究，这幅画的实验倾向更加突出，题画诗的情绪表现接近于一般的纪游诗，原来作品中的意义进一步被淡化，用不着再去寻找江州司马了，他的船估计早已经漂到了瓜州地界。

我们会发现，潘天寿的实验性作品实现的不仅是自我的满足，也有对画史发展的思考，而他的寓意性作品更多的是基于社会的需要。在山水、花鸟被重新提倡，认为它们可以为人民的需求服务时，传统艺术家就需要找到山水、花鸟为人民服务的方式。依照以往的惯例，寓意性题材是最先被想到的，也是最容易达成的解决办法。这样也会分出不同的人群，有的可能更偏现实主义一些，山水画家会有这种现象，比如在"四王"式的群山之下，赫然出现了现代的平房，农民开着拖拉机奔驰在农田间，山头上一根根电线杆宣示着现代文明对自然的改造。山体通常会是青绿，也可能是浅绛。青绿山水最早用来对仙境进行描绘，明清文人以之表现其隐逸的理想田园。到了现代，青山绿水成为理想社会愿景的最佳表现。当然，有的画家不太能接受现代文明的影子掺入传统的环境中，"入画"的标准占据着内心的高地，所以他们会尽量选择人尽皆知的吉祥寓意题材来进行创作，或者从领袖的诗词中化用意象，这种情况在花鸟、山水画家中也都有不少比例。

潘天寿就是我们刚才说到的第二类人，正如文中我们曾谈到的"雅俗"标准对他的影响，潘天寿还是不怎么习惯把现代场景带入他的艺术中，像《踊跃争缴农业税》这样的作品可能已经是

百年巨匠

Century
Masters

潘天寿
Pan
Tianshou

《和平鸽图》 1953 年

他的极限了。而《和平鸽图》能表现出潘天寿在寓意性作品中所做出的努力。

实际上从 1950 年开始,《人民日报》就请齐白石画过和平鸽的题材,50 年代初百废待兴,从上到下都在期望着和平。这段时间,鸽子经常出现在公共场合中,宣扬和平的来之不易。1952 年世界人民和平大会在奥地利维也纳举行。潘天寿可能于 1953 年左右创作了这幅作品。这幅画尺寸很大,高 1.77 米,宽将近 3 米,应该也是为挂在某个公共场合而制作的。画大画一般会考虑到它的社会功用和人们的视觉习惯,它展示在一个大的室内空间中,观看者一进门就会注意到,然后再是走近了对细节的观摩,甚至不会去注意它的细节。因此大画最重要的是整体感给观者造成的视觉冲击,需要大开合的构图。这幅画中最大的开合要算是这两株盘根错节的古松劲梅了,它和下方左倾的岩石一起,如同惊涛一样控制了整幅画面的格局,当画面整体要向左侧倾倒时,松梅的树根、左方的鸽子和不起眼的竹枝形成向右回拉的力。我们之前很少看到潘天寿画过鸽子，这些鸽子的表现很多可能脱胎于鹰鹫的图式，包括鸽子之间的组合关系。如果说画面的动势往往来自于画面物象不稳定的姿态，而潘天寿最喜欢的就是在画面中以高超的把控力，展开欲倒不倒、似动非动的博弈游戏。

当然，和平寓意的表现是这幅画创作的最终目的。但寓意往往不能过于单一，鸽子象征着和平。画面中的植被包括松、梅、竹、菊，松梅竹是岁寒三友，即使在严寒中依然故我，梅竹菊则是四君子之三，是古代贤者的品格典范。这些君子风骨的象征物，现在用来表现国家的坚韧和高尚，甚或是民族的品格，成为花鸟画在为人民服务的需求下衍生出的常用方法。

但是潘天寿不想满足于这一点，寓意性绘画是艺术与大众接触的良好渠道，我们若还记得吴昌硕在上海卖画时的作品，那些花开富贵的灼灼牡丹成为市场上的抢手货。但仅仅是这样，尚不能达到最为彻底的大众化，传统文人画的精华依旧无法在人民大众之间得以保存。

那就要在艺术教育上多下功夫了。

外师造化

1955 年，中央美术学院华东分院将绘画系分为三科，即彩墨画科、油画科和版画科，后来干脆分为三系，取消了绘画系的称谓。

彩墨画这个名字很有趣。把中国画称为彩墨画，是为了像版画、油画那样以画材来进行命名，在传统绘画初有复兴苗头的时候，以彩墨画之名也是为了缓和社会上不同观点的冲突。但潘天寿始终不同意彩墨画系的说法，在他看来，唯有恢复中国画系，对于传统绘画的继承来说才是最好的出路。

而要解决的第一个关键点是关于写生的问题。

《灵岩涧一角》作于 1955 年夏天，雁荡山写生归来之后。这一年，代表了潘天寿不仅从教育上开始处理传统写生与现代写生的关联，也在践行自己的写生观时实现了题材和形式上的重大突破。

在这幅画中，虽然描绘的是一个小小的方形领域，但其意境却无限伸展至画外。我们能感受到画外的千仞山峰。潘天寿说：

> 画事之布置，须注意画面内之安排，有主客，有配合，有虚实，有疏密，有高低上下，有纵横曲折，然尤须注意于画面之四边四角，使与画外之画材相关联，气势相承接，自能得气趣于画外矣。

花草都是用双钩法细致地绘制，以石青填色，杜绝一种过火的俗气。岩石充斥在这个方形天地中，只留下左下角的空白作为

《灵岩涧一角》1955年

虚实的处理而不至于使画面过满造成的不通透。石上的苔点使用了层层叠叠的积墨法，潘天寿似乎还没有特别满意，他在题款中说到"灵岩涧一角。画事以积墨为难，兹试写之，仍未得雁山厚重之致"。

在他以前，没有人这么处理过山石与林木，甚至分不清楚这幅画究竟是山水还是花鸟。潘天寿称之为"近景山水"：

> 故予近年来，多作近景山水，杂以山花野卉、乱草丛篁，使山水画之布置，有异于古人旧样，亦合个人偏好耳。

> 荒山乱石间，几株乱草，数朵闲花，即是吾辈无上粉本。

对写生而言,潘天寿尤其喜爱有野趣的事物而不掺入过多的人工培育痕迹。他对自然细致入微的观察,获得了异于传统又承续传统的艺术体验,实际上这也是与他以前的作品相契合的。潘天寿作品中的空间纵深感一步步减弱,最后所有物象几乎都在二维中发挥它们的能量。这种空间纵深感的消失我们可以在明初的浙派绘画中找到眉目,潘天寿在画史中一反正统观念赞扬浙派的历史功绩,便有这方面惺惺相惜的考量。

空间纵深感的减弱使潘天寿不必对前中后景的整体性有过多的追求,而可以大胆地在平面空间中试验构图问题。山水被进一步转化为大石块等元素,这就为山水与花鸟的结合奠定下形式基础。这种结合即在雁荡山写生后真正走向成熟。

那年雁荡山之行,是彩墨画系主任朱金楼带领,潘天寿、吴茀之、诸乐三等教授与学生们共同进山写生。一路上观山访寺,老先生们兴致盎然,谈笑风生。但学生们并不是很适应这次的写生,由于长期来美术教学对素描体系的推行,使得他们虽然用的是毛笔,但观察方法依旧是西式的,在描绘风景时不断追求景物的光影和空间深度、用色冷暖。呈现出来的作品,像则像矣,可不是一幅中国画。潘天寿也极为耐心地为学生讲解示范,他希望学生要敢于用线去概括事物,认为这才是中国画最为根本的基础。我们可以从他之后的一些言论中整合他对于写生的新看法。这些看法都是在他一次次的言传身教中逐渐积累起来的。

谈写生问题还是有必要梳理一下"写生"在中国近现代的变化。中国传统绘画观念中实际上是有写生的,但是跟现在的写生说法全然不同,或者叫"传神"可能更为妥当,拆解开则是"写自然之生生活力",脱胎于"格物"观念,目的在于物背后的"理"

潘天寿《雁荡山写生图》纸本铅笔稿

的显现。因此宋代绘画虽显露出自然主义，其实它最终的追求依然在物象背后。元明以来，则有超越表面，直达"常理"的想法，传统写生观并不重视外形的相似。而西方写生本身是西方理性认知的一环，对视觉真实的追求相较于中国则更甚。写生观念在近代传入中国，一开始仅仅局限于西洋画的训练，后来到了徐悲鸿这一代，即五四运动之后，开始成为中国画创作的基础。这时的写生，虽然其技法上是西式的，但背后的观念已经有了中国式的变化，它不仅是一种对世界的理性认知的手段，也是抒发感情，追求艺术境界的手段，需要个人性情的投入。

对潘天寿而言，在青年时期就接触过西式写生，是李叔同先生从日本带回来的教学法。1906年，李叔同化名李岸，考入日本东京美术学校油画科，日本从明治维新以来，一直秉持着全盘西化的策略，在艺术上也不例外，相对于中国而言，日本更早吸收了纯正的西式画法，如黑田清辉等人亦完成了油画的民族化问题。因此相对于那些希望出国留学但资金不甚充足的艺术青年，日本成了他们的绝佳选择，在日本他们也能学到梦寐以求的"先进"画风，以及革新的绘画理念，对物写生即是其中之一。这种从日本传入的写生，不仅影响了李叔同，更促成了岭南画派的崛起。潘天寿尊敬李叔同，但他对西式写生并不怎么感兴趣，写意反而更合他的口味，在艺专教书期间，就经常去西湖画一些小速写作为目识心记的辅助。总的来说，1949年之前，潘天寿几乎没有留下任何写生的稿件，他背后的写生观念依旧是中国传统的写生观。

但现代写生观早已深入学生的内心，而潘天寿要将传统写生观逐渐嫁接到现代写生观中。他的优势在于中国近代写生观在对西方写生进行观念重构的同时，已经掺入了"自我"在写生中的重要地位，他现在要做的是在形式上打破现代写生中的形似问题，重归传神。

首先，对潘天寿而言，写生所基于的不是自然，而是心源：

百年巨匠
Century
Masters
潘天寿
Pan
Tianshou

画中之形色，孕育于自然之形色。然画中之形色，又非

自然之形色也。画中之理法，孕育于自然之理法。然自然之

理法，又非画中之理法也。因画为心源之文，有别于自然之

文也。故张文通云外师造化，中得心源。

　　这种心源观念不仅仅将形似问题置于心之下，而且将自然的
规律也放到了次要地位。一切外界的物象刺激，只有以心为主，方
能脱胎成画。这种观念由张璪提出，从元至明逐渐在文人手中强
化心源之作用，最终在明末遗民画家那里达到了最高潮。现代写
生观念中重构的对艺术家主体情感的重视也是基于这一点阐发的。

　　其次，确定心源为中心后，方能确立自然的地位，在这一方
面，潘天寿偏重自然之内部理法，极大地弱化对自然表象形色的
把控。潘天寿对物象之理做了一个唯物主义的解释，"写生是为
了弄清对象的组织规律"。这当然是对"理法"的一种简化，但其
思维结构依旧是传统的，尤其是理法背后的道德观念。在当时的
环境下，追求科学的对象组织规律即是一种新道德。

　　这样就有了两对需要处理的关系，即物形和神，神与心源。而
这两对关系的处理，潘天寿依旧诉诸传统的现代解释，这次他的
对象是顾恺之：

　　顾长康云以形写神，即神从形生，无形，则神无所依托。

　　然有形无神，系死形相，所谓如尸似塑者是也，未能成画。

　　虽然潘天寿强调规律的问题，但是依旧不打算走向抽象。基本
的形似得以保存。但形似与否并无法绝对保证神的获得，这便与
徐悲鸿的写生观拉开了距离。那究竟如何保证得到物象之神呢？

　　顾长康云迁想妙得，乃指画家作画之过程也。迁：系作

家思想感情移入于对象。想：系作者思想感情，结合对象，以

百年巨匠

Century
Masters

潘天寿
Pan
Tianshou

表达其精神特点。得：系作者所得之精神特点，结合各不相同的技法，以完成其腹稿也。然妙字，系一形容词，加于得字上，为全语之关纽……此妙果，既非得于形象上，又非得于技法中，而得之于画家心灵深处之创获。是妙也，为东方绘画之最高境界。

潘天寿在这里构建了物象之神如何通过心源诉诸绘画的过程。在这里心源被称之为思想感情。物象的精神特点与组织规律通过思想感情的重新组织，以技法表现于画面之上，也契合了马克思主义中艺术作为上层建筑是意识形态产物的观念。这种中国画的现代写生观，在潘天寿等传统画家的不断努力和传播下，已成为当下中国画教育最基本的写生观。

当我们再回到《灵岩涧一角》，会发现1949年前潘天寿的速写写生如果说只是作为师造化、目识心记的辅助，那么现在，写生已经成为他在绘画中探索的巨大动力。

到这里，我们可以说潘天寿在证明民族艺术发展正当性后，继而在实践和教学上展开探索。寓意性作品与实验性作品的同时推进，教学上写生观的重新梳理，都预示了一场更大、更彻底的艺术改革。天时、地利、人和，都在潘天寿的手中，只等他去轰轰烈烈地践行自己的艺术、教育理想。

但这次的践行，未免显得有些孤寂，凡与潘天寿可称"对手"者，林风眠在不断地挨批后离开教学岗位，早已潜心创作而无力于教育改革，而徐悲鸿则于1953年的秋日溘然长逝了。

第十二章 │ 创变与辉煌

新的时代为潘天寿提供了施展才华的舞台，为了使传统的艺术形式在当下延续，一方面要构建成熟的艺术思想，另一方面则须健全的教育体系，方能「子子孙孙无穷尽也」。

无限风光

百年巨匠
潘天寿
Century
Masters
Pan
Tianshou

新的征程开始了。年过六十的潘天寿看不出一点衰老的样子，他的精力十分旺盛，仿佛还是那个曾经在上海、杭州来回奔波、育人育己的有志青年，浑身散发着蓬勃的朝气。

1956 年，毛泽东主席在中共中央政治局扩大会议上，正式提出了"双百方针"。他认为："百花齐放，百家争鸣，我看这应该成为我们的方针。艺术问题上百花齐放，学术问题上百家争鸣。讲学术，这种学术可以，那种学术也可以，不要拿一种学术压倒一切。你如果是真理，信的人势必就会越多。"

自由的发展得到了极大的鼓励，不管是传统的还是现代的，不管是人文还是科学。

"双百方针"为潘天寿开辟出了一片试验田。

1957 年，潘天寿出任中央美术学院华东分院副院长，主管中国画教学工作。名不正则言不顺，言不顺则事不成。潘天寿审时度势，召集彩墨画系的老师们经过多次讨论，达成共识，彩墨画系终于改回了中国画系的名字。

这时的美术界也在激烈讨论着一个问题，这正巧是潘天寿继写生之后要解决的另一个重点。

由中央美术学院华东分院和中央美术学院合办的《美术研究》创刊。第一期就开始从教育的问题着手，讨论一切绘画教育的基础。第一期发表了莫朴的文章《关于彩墨画系安排素描和临摹作业的问题》（此时尚未改名中国画系）强调在基础教育上素描和临摹并重。第二期则以王曼硕、董希文为代表，强调古代画家没有留下一套完备的有系统的方法，必须引进素描教学。但不管怎么说，毕竟素描作为基础教学似乎是无可否定的共识了。

但潘天寿想否定这个共识。

这一年，潘天寿发表了一篇文章《谈谈中国传统绘画的风格》，重申了他在《域外绘画流入中土考略》中所提出的东西方艺术并峙的问题。东西方艺术应该拉开距离！至少在基础上，传统绘画有完整体系的，就是白描。它从人物画的粉本逐渐发展成为人、山、花三科的共同根基，并且演变出不同的线条特点以包罗万象。素描虽然也是在用线条描绘，但是当时引进的古典素描是以线排面，苏联契斯恰科夫体系更是强化了对于面的关注，线条成了块面的仆从。实际上，1955年到1956年，周昌谷的《二个羊羔》与方增先的《粒粒皆辛苦》在国内外斩获大奖，使得华东分院的现代人物画受到各方面的重视，但是潘天寿并不是太满意，认为素描与传统白描的结合依旧过于生硬。他告诫青年画家们"脸要洗干净""不要引弦不发"。

但学生们已经渐渐忘记了离开素描如何绘画，或者说，他们从观念上就已然认定了写实主义的素描是一切绘画基础这样的事实。或许应该找更合适的老师，找更有传统风骨的老师来改变学生们的固有观念。潘天寿提议，在浙江美院率先实行人物、山水、花鸟的分科教学试点，打破50年代以来人物画一家独大的局面，要培养山水、花鸟方面的专精者。人山花分科的提议直到1961年才在全国高等院校文科教材会议上提出并推行全国，那时候浙江美术学院已经试点四年了。

山水画方面的人选自然属意顾坤伯。他是当年上海美专成绩优异的佼佼学子，已经颇有大师气度，与潘天寿亦师亦友，志同道合。他一方面倾心弘一法师的高尚人品，主张画格与"静气"的境界，一方面对黄宾虹尤其痴迷。顾坤伯的山水承明清之大势，对历代名家了然于心，学生都称他为"活传统"，但他并不执着于明清，尤其是四王的品性。据朱金楼回忆，他曾与顾坤伯在公交车上相遇，言谈之际，顾坤伯说的都是黄宾虹的用笔用墨，"在公共汽车上，一路不停地交谈'墨法'，到下车分手时还没有谈完"。他与早已在校的潘韵一起来带领学校山水画的教学，强强联手。

花鸟画方面除了潘天寿、吴茀之、诸乐三等人的教学之外，1959年又礼聘了上海美专时期一同教书的陆抑非，他的花鸟师法清代恽南田、华新罗一路小写意与没骨画风，画风精细工整，清新雅逸，与张大壮、唐云、江寒汀有"海上四大花旦"之美誉。他画的《花好月圆》印成年画发行全国，印数达到一百万份。陆抑非与潘天寿、吴茀之等人风格不同但颇有功底。因陆抑非的肩周炎，拖到了1960年才来上课。

人物画方面，潘天寿想到了曾经的老同事福建莆田人黄羲。他所传承的是福建画派从李在、谢彬、上官周、黄慎到李耕、李霞的传统，功底极好，1930年潘天寿执教上海美专时就聘请过他担任人物画的教学工作。他与潘天寿的共同点在于都对西方艺术有一定程度的了解，且都自觉地对西方艺术保持着一定的距离，默默地传承着古典绘画的优秀基因。1957年黄羲初到学校任教，还遭受到了一定的反弹。因为人物画虽不是传统文人绘画中最重要的画种，但是在近现代的语境下争议最大。很多学生对黄羲只画古装人物提出了质疑，幸得潘天寿力挺，但也逼得老先生去重新调整自己的教学思路，甚至还试图用中国的线描体系去转译尼古拉斯·费钦的人像和西方古典雕塑，以扩大传统白描的适用范围。当然，这一切都是为了证明，中国传统绘画的发展不一定需要契斯恰科夫体系的掺

1960 年与罗马尼亚画家博巴夫妇合影（后为博巴油画作品《潘天寿像》）

入，中国传统中的生生活力就能为新时代开出一片天地。

　　除此之外，来自东欧罗马尼亚的埃乌琴·博巴也为浙派人物画的发展注入了新的活力。据学者潘耀昌研究，潘天寿在特殊环境下选择了博巴，在浙江美术学院开展结构素描的教学，正是为了与契斯恰科夫素描体系分庭抗礼，博巴的趣味偏向于西方现代艺术，强调形式语言的重要，从而使得"潘天寿提倡的线条价值以及传统国画的笔墨趣味在博巴那里得到了确认"。换句话说，潘天寿对传统形式语言的重新提倡，需要寻找外来的正当性才能更大程度上说服和改变学生们的态度，在提倡革命的年代里，只一味地提倡传统必然会遭受批判和压力，博巴的身份和对中国画笔墨线条的热爱和强调，成为证明浙派人物画追求笔墨形式趣味正当性的有力武器。

　　1958 年，中央美术学院华东分院改名为浙江美术学院，仍保留其"国立"性质，是文化部直属院校。潘天寿在这一年被补选

为第一届全国人大代表，他的《露气》等作品被选送到苏联展览，受到好评，并荣膺苏联艺术科学院名誉院士称号。潘天寿还是质朴的本色，授奖当天，他谢绝了公家的派车，看着天上的乌云，他穿着雨鞋，夹着一把油布伞，从家中徒步走到了孤山原国立艺专陈列馆。1959年，他正式被任命为浙江美院院长。他本不想去管理行政，但是耐不住党委和文化部的委托，便又接下了院长的位子。1960年，他还担任了中国美术家协会副主席。浙江省美协成立，又出任主席一职。

在潘天寿的教育改革体系下，任教的老先生们几乎都是上海美专时期的旧友，这群当年意气风发的年轻人，在海派氛围浓厚

《露气》1958年

的上海，互相切磋，以艺会友，老师与学生之间几乎没有什么隔阂。如今少年们都已白发苍苍，他们在西子湖畔重聚，共同让传统在浙美重现昔日的光辉。

作为院长的潘天寿，教学工作也并没有落于人后，他力图用当下的"时髦"语言，重新解释快要被新生代遗忘的传统形式问题，比如

1958年潘天寿接受苏联艺术科学院名誉院士称号

将"用笔"释为"骨线造型"，将"布置"释为"构图"：

> 线，是多种多样的，有曲直、长短、粗细、刚柔等等。各种线，有各种线的情味和质量感。虽然，线在客观物象上是不存在的，但为了艺术的表现需要，只有运用线来造型，以求对象更明豁，并突出其精神，完成艺术的表现目的。白描稿是整幅画中的骨线。它决定布局、气势、造型、结体、人情、精神状态等等。画中决定大体的骨线称骨，点子和有笔触的晕染不称骨，而是肉。也就是说，线为骨，点、面为肉。点、线、面三者，最难表现的是线，表现对象最明确的也是线。因此，线在中国画中起的作用，是头等重要的。

由此，他解释了为何用笔问题一直是中国绘画中的关键，而"强骨"，其实践层面也就落在了以线造型的问题上了。

构图问题也是如此，传统中国画论中很难看到对于布置问题的详细阐述，即使在明清之际出现的大量画谱，所针对的依旧是

用笔而非布置，潘天寿则须将传统的画面布置问题明确化，因此西方的构图语汇成了他的利器：

"一数之始，三数之终"，布置主客体，往往以一主二客作基础，即以三点作基础。在构图中以不等边三角形来表现主客体才有疏密关系，才有远近距离感。在长方形的画面上，利用斜线来布置物体，使主体与画面边线不平行而有变化，斜线的交叉组合，形成许多不等边三角形。复杂的构图，是由许多主客体组合起来的，只要三点安排妥当，其他局部也能安排妥当了。

当然，这种西方构图词语也不过是一种借用，潘天寿在讲布置问题时，重点依旧是"虚实""疏密"，但他所面对的是现代高校的学生，更不用说大部分学生是西画学得好好的，却被安排来学习国画，心理状态都没有扭过来，颇多牢骚。潘天寿的教学首先要让他们认识到，中国绘画中的无穷魅力，即使用现代构图理论来解释，依旧毫不逊色。

或许我们看看画作，感受会更为直观一些。潘天寿在 50 年代末 60 年代初绘制了大量的荷花图。而荷花的好处在于，荷叶的巨大面积与根茎的细长坚挺有利于对构图进行更为多样的把控和分割。荷叶与留白形成面的对比，根茎在其中来回穿插进一步界定二维空间，又能与荷叶呼应，简直是探索构图的无上粉本，八大山人亦尤爱之。在早期我们也能看到潘天寿的荷花习作，但是没有像此时期这样大量且集中。这幅《朱荷》是他荷花题材的代表。这幅画中，以各种类型的长方形完成的对画面的占领，除了荷叶、两个题款、荷花所形成的长方形外，还有各种空白的长方形，包括画面右边缘与长根茎之间的空白，长根茎与短根茎之间的空白，以及中部的大面积空白。这些黑白各异，大小不同的长方形构成了整幅画面的基调。同时我们也能在画面中看出潘天寿对一种新构图模式的推崇，也就是对画面边角的高度重视：

画事之布置，需注意四边，更需注意四角。

构图时，不要将对象摆在画幅的正当中，那样给人家的印象不开阔，气势不大。中间要留空白，对象的位置要稍偏一些。

一般人看画的习惯，先注意画面的中心位置，然后再转向边角，因此一般习惯上将画面主体物放在视觉中心。但潘天寿反其道而行之，将空白置于中心。甚或是，他想让观众在第一时间注意到空白的作用。

又有计白当黑的说法。即经营白的，就等于在计划黑的。不画的地方是虚。

一般人只注意在画面上摆实，而不知道怎么布虚，实际上布虚就是摆实，摆实就是布虚。

《朱荷》1961年

百年巨匠
潘天寿
Century
Masters
Pan
Tianshou

《已是樱桃时候》1959 年

　　50 年代末 60 年代初，也是潘天寿绘画创作的又一个高峰期。单 1958 年一年他就创作了近 200 幅作品，除了上一节提到的实验性作品和寓意性作品之外，还有很多册页，富有生活的意趣，画的多是些蔬果兰竹。

　　《已是樱桃时候》以焦墨画三个荸荠，十一只樱桃则用朱砂、赭石点染，排列在扁长的纸上。作为一张小品画，可能是潘天寿兴之所至的自我抒发，也可能是想与友人分享生活的乐趣，题款斜倚在左侧，无限的悠闲与欢欣。蔬果的排布实际上也是经过细心布置的，整体走势微微上倾，物与物之间的排布与疏密也是精心考量的结果。或许会让人想起 17、18 世纪荷兰静物画，但更多联想的应该还是南宋牧溪和尚的那张《六柿图》吧，但是潘天寿的画面中总归是多了一层入世气息，相较起来更为轻松可爱。

　　花卉蔬果也慢慢成为潘天寿寓意画中的常见客。在这幅绘于1959年元旦的《百花齐放》中，潘天寿以极富动势的构图组织了各色花卉，并以端庄的篆书稳稳地托住了画面。当然，这幅画所表现的正是对当时"双百方针"的赞颂，也寄托了新年的美好愿景。

　　但是潘天寿的寓意绘画也并不都是十分合适的。在1959年国庆之际，潘天寿照旧以毛泽东的"江山如此多娇"作了一张诗意画。骨架强劲的山体空勾无皴，苔点浓重，山体以石青色为主，在山根处出现了石绿和赭石，可能潘天寿更喜欢青色的古雅。近景树木以单线写出，红叶聚顶但是并不扎眼，偏冷色调的红与古厚的青色、稳重的赭石搭配得十分和谐。画面为典型的元代隐逸山水中一河两岸的构图，近景的沙渚边上停靠着一叶轻舟，舟上的雅士眺望着远方的城关和旗帜。这幅画若是除去了题款，可以说完全是一幅隐逸山水了。青绿用色既可以表现理想的社会，也可以表现理想的田园；舟子既可以说是新社会下的悠闲度日的人们，也可以说是避世

《百花齐放》1959 年

百年巨匠
Century
Masters
潘天寿
Pan
Tianshou

的隐者。当然潘天寿主要的意图依旧是在赞美祖国的河山和美好的社会环境，但是潘天寿内心的传统操守还是让他使用了高度避世的隐逸图，并试图模糊其中的隐逸成分，但并不成功。一些有着同样意境的画作也为他埋下了之后被批判的隐患。

或许是因为潘天寿过于一心一意地琢磨纯粹的艺术问题，这时期的大量画作依旧是试验式作品。此时的潘天寿已经游刃有余，渐入化境。他的画不像以前那样有着明显的试验意图，目的性的减弱使之看起来举重若轻。所谓返璞归真，他的艺术之心如同赤子一样，这里探探，那边瞅瞅，无穷的好奇而又有无穷的创造力。比如1959年，他对纨扇式的圆形构图有了兴趣，画了不少圆形构图的画作。到了60年代又开始在长卷巨轴的形制上下功夫。这些还只是尺幅变化上的。在花鸟方面他所付出的努力最多，花鸟山水结合的近景山水的实验仍在继续，也能看到很多的松梅竖轴绘画，也绘制了大量的荷花图，正如上文说到的。

若说对潘天寿风格特点了解最深也是总结最好的，自然

《江山如此多娇》1959 年

要算几十年的老友吴茀之。1962 年吴茀之在《光明日报》上发表了一篇文章，概括潘天寿的风格为"造险破险"：

> 常见他在巨幅的方纸上，先大胆地写出一块见方的磐石，几乎填满了画面，这种以方合方的构图法，显得板实。容易扼塞画幅的气机，有如斗室内一榻横陈，很难布置他物，感到局促，仿佛自陷于险境之中，是为"造险"。但他胸有成竹，提笔在画之上下左右，视位置所宜，点缀一些闲花野草或鸟兽虫鱼，顿觉生气蓬勃，化板为奇，是为"破险"。

这里吴茀之主要分析了潘天寿最常见的造险破险形式，即巨石充斥下如何使画面虚实有致而不失气势。实际上潘天寿还有更为险峻的造与破。

我们可以从这两幅《晴峦积翠图》中发现潘天寿是如何磨炼自己"造险破险"能力的。1929 年的《晴峦积翠图》风格主要学习的是石涛，其在题款中也谈到这是根据石涛的山水背拟

《晴峦积翠图》1929 年

《晴峦积翠图》1961 年

而成的。一河两岸式的布置常见于传统山水，但年轻的潘天寿却试图制造一种强烈的拉锯，即远山的骤然倾倒。这不仅是传统所无的，更是反自然常识的，这种布置带来的奇怪和不安定感强烈地冲击了观者的神经，迫使观者从形式的角度考虑此画。但潘天寿不会允许自己的画作达到真正的不平衡的效果，在画面上，潘天寿制造了反抗的力量去完成破险，即左下角的树丛作为支撑，左上角的题款形成按压之势，阻止远山的崩塌，右下角的题款上连远山，下连近景坡岸，如同绳索牵引，两种力量在平面上拉扯，最终得以暂时的安定。有趣的是，32 年后，潘天寿又重新拾起了曾经的布置，不知道他是为自己年轻时的大胆行为所吸引，还是认为 32 年前的布置仍有不尽如意之处，1961 年，潘天寿重画了这幅《晴峦积翠图》，布置大体相同，甚至上下落款的文字也没有变化，但相对于 1929 年的山水，1961 年山水的远山山体更加坚实，不仅有石涛风貌，更含有潘天寿自己的面目，远山山体变得更加高耸，从而使倾斜的力量愈发强烈，与此相对，左下角的树丛浓密，以形成更为稳定的支撑，左上角的题款舒朗且修长，形成更大面积的按压，最绝的是，他将右下角的落款从行书变为隶书，扁平且工整的隶书使其真正有力量能牵引住倾倒的高耸远山。在这一系列的变动中，潘天寿加强了画面的险峻，并想尽一切办法在大布局不变的情况下，努力完成破险的任务，两种力量在 1961 年的山水中都得到了相应了加强，其拉扯感愈猛烈，最终形成的平衡态则愈富形式趣味。

这种无所畏惧的布置真可谓是"一味霸悍"。潘天寿对霸悍之笔向来推崇，在潘天寿看来，明清四王以来的传统绘画之所以没落，一是因为门派之间的互相攻讦导致了创造的闭塞，二是因为程式的代代相因，不敢突破而造成的靡软无力。这种霸悍贯穿了他一生的创作。

画家们去雁荡山，总会画一画著名的小龙湫，这是灵岩景区最著名的瀑布。有人用长轴，有人用册页，但通常都会将小龙湫置于画面中心，如顾坤伯 1959 年创作的《小龙湫》，在画面中间微左的位置，一道白练垂下，周围的山体皆为烘托瀑布而存在，瀑布显然是画面的主体。潘天寿常去雁荡写生，当时也构思良久，认为将瀑布安放于中心位置则无法凸显小龙湫与周边厚重的气势，就干脆将小龙湫挤到画面最左侧。而为了让人们注意到它的存在，则使右方的山体的动势全部朝向左侧，观者的视线自然而然地也会随着山体的走向而移至瀑布处。这种大开大合的极端布置，将实际的主体之物反而置于观者的直观视野之外，必须在引导之下山重水复地见识到画面的主角，古往今来没有几个画家有此丘壑、有此胆量。

但是潘天寿明白，"要霸住一幅画并不容易"。在传统中，霸悍的代价就是要无时无刻地注意不能让其变为狂野。在画面背后

百年巨匠

Century
Masters

潘天寿
Pan
Tianshou

顾坤伯《小龙湫》1959 年

《小龙湫一角》1960 年

一定要有一个克制霸悍的力量，并最终在画面上形成张力。所以在潘天寿风格问题上，最终的讨论还是要落到"强骨静气"上，一切的极端与霸悍，都是以此作为归依。

我们曾在前几章分析过潘天寿的"强骨静气"。如今当我们重新回头梳理他的画作，我们会发现这种克制的力量与霸悍的外露一直形影不离。这种辩证的观念实际上形成了潘天寿对传统风格认知的最深处的，一种动与静、黑与白、强与弱、冷与暖的圆融。强骨强在精神，强在线条，强在大开合的布置，强在以奇取胜。静气则是笔外之笔、墨外之墨、意外之意，似有能，似无能，由实境，入化境，收心沉气，悠悠远远，与人格、境界联系起来，人格在他的艺术中统摄了一切。

潘天寿希望这种思想能伴随着传统文人画的精华永远流传下去。

高峰铸成

百年巨匠
Century
Masters
潘天寿
Pan
Tianshou

　　正如他所希望的那样，文人画的影响力正慢慢扩散到全国。1959 年 1 月，潘天寿赴京出席第二届全国人民代表大会，还没等回程，就被鲁迅美术学院的同仁邀请，一定要他去沈阳讲讲文人画的问题。近些年对文人画的重新评价越来越火热，而对这个问题的解释，潘天寿自然有着相当的权威，潘天寿也就没有推脱，跟鲁美的师生们做了交流，反响热烈。同年夏天，浙江美协在灵隐举办了中国文人画学术讨论会，潘天寿又作了长篇发言，并与浙江画家寿崇德合作完成了《松柏长春图》和《嘉陵纪游图》，姜丹

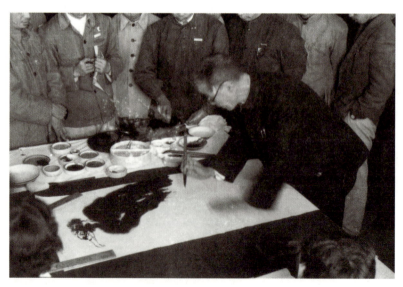

1959 年潘天寿在鲁迅美术学院示范中国画

书为之题词，人称"三代合作"，因为姜丹书、潘天寿、寿崇德是师生三代人，这就颇有文人雅集的意趣。

那几年，以《美术》为主阵地，文艺界展开了关于山水、花鸟和文人画的讨论，关键问题仍在于山水、花鸟是否能反映现实生活和如何正确评价文人画。争论非常激烈，主要观点还是认为要以政治标准为第一，讨论了山水和花鸟的阶级性问题。潘天寿似乎没有直接参与到争论当中，但一直在浙江美术学院以实际的行动表明着自己的立场。

虽然浙美的教学改革在有条不紊地进行，但顾坤伯有点吃不消了，他患小中风，经常不能上课，潘天寿很着急，希望再找一个山水画教师来分担顾坤伯的工作，但并没有太合适的人选，自己则被教务和行政缠身，无法兼顾。

巧的是，青年教师姚耕云被派到上海画院进修，跟从一位先生学画山水。临别之际，这位先生送给他自己抗战时的作品作为留念。姚耕云回到杭州后，拿着作品找潘先生为之题识，潘天寿一见之下吃惊不已，这位画家是民国大学者王同愈的学生，他筑基四王，不仅技法纯正，书画双绝，而且文学修养也远超同侪，潘天寿无法掩饰自己的激动，这正是他寻找的中国画老师！

潘天寿看到的是题为"杜甫诗意"的册页，画家的名字叫陆俨少。爱才心切的潘天寿马上了解陆俨少的情况，却听闻他因为政治原因一直不受重用，在做一些资料管理的工作。不太关心政治的潘天寿兴奋地赶到上海画院商调，让他加入到教学改革中来。

陆俨少先是作为客座教授，上海、杭州两地跑，为方便教学，就住在小塔儿巷旁边的小屋里，生活虽然艰苦，但由于艺术才华得到重视，心情却很愉快。期间，潘天寿经常去找他聊天，谈一些很细致的教学工作，仿佛老友一般。

有的人会在背后嚼舌根，说潘先生先是捧黄宾虹，后又捧陆俨少。潘天寿听了反而笑了笑说："画画都是凭的真才实学，哪是我潘天寿一个人就捧得起来的？"

除了培养教师之外，潘天寿总是亲力亲为，身为院长的他即使再忙也会为自己安排教学任务。其主要负责低年级的基础课，因为潘天寿认为，筑基是成为优秀艺术家最为重要的前提，他的课程包含国画理论、诗词题跋和书法，有时候也会在课堂上为学生们演示指墨。作为一名教师，他首先重视的是对学生的爱护，据吴永良回忆，他毕业前约同学前往潘天寿家里道别，恰好新华社记者前来采访。潘天寿对记者说下午有重要的事情，请记者同

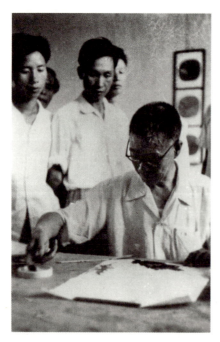

潘天寿为学生演示指墨画

志明天再来。吴永良等学生心想不巧，以为潘老有要务在身，冒昧打扰已觉不妥，起身也要离去，潘天寿叫住他们说："坐下坐下，没有重要的事，就是你们要走了，我和你们谈谈。"此事吴永良一直铭记于心，颇为感动。

解决了教师的问题，潘天寿仍嫌不足。从恢复中国画系以来，他就要求学生们在画画的同时学习一些诗词和书法篆刻的知识。但是问

百年巨匠
Century
Masters
潘天寿
Pan
Tianshou

题依然很严峻，他忧心忡忡。1962 年，在全国美术教学会议上，潘天寿大声疾呼："目前老书法家寥寥无几，且平均年龄都在 60 岁以上了，后继无人，前途堪忧。我建议在美术学院设置书法专业，包括金石、篆刻，以便迅速继承。"

最终，会议同意潘天寿的提案，在全国的美术学院中开设书法、篆刻课程，而成立书法篆刻专业的试点，就由浙江美术学院来办。

潘天寿此前就从杭州大学请来了一位中文系副教授陆维钊，陆维钊文史知识深厚，曾为清华大学国学研究院导师王国维的助教，又曾协助叶恭绰编撰《全清词钞》，担任过圣约翰大学、之江大学、浙江师范学院教职。他从 1959 年开始就在浙江美术学院讲一些古典文学的课，且字写得极好，功力精深。潘天寿组建了一个七人小组，包括潘天寿、吴茀之、诸乐三、陆维钊、沙孟海、朱家济和刘江，筹备书法专业，并全权交给陆维钊负责，刘江协助。1963 年，书法专业开始招生。不仅如此，潘天寿还要求老先生们以师徒传授的方式各带一名青年教师，教授诗词、书法和篆刻知识，不至于使教育在他们手中断代。他甚至翻箱倒柜，将自己收藏的米芾、董其昌、张瑞图、傅山、康有为等书法珍品如数捐给学校以做教育之用，包括两位恩师经亨颐和李叔同的对联。

可以说，自潘天寿教育思想成型以来，至此则为其实践的全部展开。让我们再回到艺术大众化的问题，在潘天寿的教育思想中，充满了他对于文人画艺术如何实现大众化的解答。50 年代初绘画题材的唯人物化，使得文人画精华在其中无所发挥。1954 年之后以寓意性绘画为代表形成了文人画走向大众的主流，虽然有一定的效果，但是过分关注画面寓意却削弱了其背后的形式美感和道德意涵。潘天寿更进一步的地方在于，他想在美术教育上实现大众化，即是前面所说的，将大众文人化，将文人画大众化。从第一个方面来说，对诗词、书法、篆刻的教育和对人格的核心强调，都是希望学生能够与古代的文人沾边，虽然并不要求成为一个完全的文人，但基本的文人素养是潘天寿教学的底线。潘天寿自己研究画史，也鼓励学生们多读画史甚至多读艺术之外的书籍，比如哲学、政治等等。正如他所说："画事须有高尚之品德，宏远之抱负，超越之见识，厚重渊博之学问，广阔深入之生活，然后能登峰造极。"其中无不包含着浓重的儒家式理想和文人式要求。

第二个方面，将文人画大众化是欲消除文人画中的精英性与大众化之间的矛盾，结果即是运用现代绘画语言将文人画的形式问题进行了转译。传统文人画形式背后有着复杂的道德意涵结构，但那些结构过于隐晦而复杂，潘天寿所做的则是将绘画中的道德意涵凸显和调整，使之更适宜于大众接受，反过来加强大众的文人化。而对形式强调的另一方面，就是潘天寿作品中对文人画形式的极端化处理，也就是"强骨"更加外显。这种处理，更容易让观者在没有大量的文人画观赏知识和艺术史知识的情况下，依旧在一股强大的视觉冲击中感受到传统形式本身的震撼所在。

不管怎么说，这样一代代教育下去，虽不能立竿见影，但是社会上能够继承文人画传统的人会越来越多，其所形成的社会风气也会培养人们对文人画的欣赏习惯。几代之后，或可达到一种普及性。潘天寿与其同道们披荆斩棘，终于建立起了完善的中国书画现代高等教育体系，使得传统的艺术学脉在这所艺术学府一息尚存，成为中国传统书画艺术教育的大本营。

更何况，潘天寿似乎已经不必担心传统书画在社会主义下的生存状况了。儒家式人格培育与社会主义的吻合，常变观念与历史进步观的结合，民族性的提倡与文人画在近代被赋予的民族意义的契合，使得文人画的发展被牢牢地固定在社会主义文化建设之上。1949年前后文人画的生存危机已然度过并开始逐步恢复，正是以潘天寿为代表的传统画家们坚持不懈的成果。

这期间，找潘天寿求画的人越来越多了。本来何愔还想为潘天寿挡一挡，有人找他就说不在家，但潘天寿生性诚实，觉得说谎不好就放弃了。潘天寿手里有一个小本子，上面密密麻麻地记录了求画人的信息，不管他们的官职大小，一律按照求画的先后次序记录，并不会为谁开后门，即使是无权无势的，只要开口了，一般都会予以满足。潘天寿喜欢为他人画画，这也是证明了人民喜欢他的画，他乐在其中。

一些宾馆的大画订单络绎不绝，展览也需要大画。但画大画很累人，潘天寿作画喜欢泼墨，纸挂在墙上墨会乱流，也没有这么大的画桌，因此只能铺在地上画，潘天寿早起先要磨墨，边磨墨边构思，他习惯画大画时将墨分为几碗，事先调好墨的深浅浓淡，据吴永良回忆，潘天寿曾解释说这是因为画大画不像以前画画，局

《雨霁》1962年

《记写雁荡山花》1962 年

部的墨色变化不能太多，要表现整个大区域的变化。为了整体性
掌握画面效果，潘天寿一会儿蹲在纸上画，一会儿又要站在桌子
上或者梯子上去远观画面的整体效果。上上下下，就算是年轻人
也经不住这么折腾，潘天寿往往画得大汗淋漓，汗珠滴到纸上就
顺手一抹而已。后来在家里找他的人太多，天气也热，大华饭店
便邀请潘天寿去他们那作画，场地大，还有空调，只需到时候留下
一两幅作品就可。在这期间，如《雨霁》《记写雁荡山花》等大幅
作品被接二连三地创作出来。

　　仿佛是命中注定一般，中央的领导们希望潘天寿能在几个大
城市办几场大型个展，相当于对他成果的肯定。潘天寿拿着自己
保留的前期作品和近期的创作总共 91 幅交给了浙江美协，由他们
代办展览。先在杭州试办，效果很好，9 月移至新建成的中国美术
馆展出，展览非常成功。多地的美协都希望去他们那边展览，潘
天寿却觉得展品未能满意，运输费用过大，少展出为好，最终定在
了北京、南京、上海、广州四地，前三个展览潘天寿都没有到场，
但架不住广州美协力邀，于是去广州和海南转了一圈。广州办完
后又受到香港的邀请，请潘天寿继续在香港办展并允许售卖一部

分作品，最终画件卖出近半，余下
的画件，潘天寿希望能将其捐给博
物馆和学校。

　　展览期间潘天寿也没有闲着。
他约了吴茀之等先生重上黄山、雁
荡等地采风，在杭州期间也经常与
家人、学生一起登玉皇山俯视西湖
和钱塘江。潘天寿很喜欢爬山，虽
然年过六十但兴致勃勃，体力一点
也不比年轻人弱。

　　1963 年，一边是展览，一边是
书法刻印系正式成立，又受山东之
邀前往讲学。在青岛，潘天寿遇到
了李苦禅，他正巧也在青岛作画。
据李苦禅回忆，当时潘天寿看着他
的画感叹："嗯，苦禅的，这才是苦
禅的！"旧友相逢，亲切如故。这
趟讲学，山东方面包揽下一切，潘
天寿、吴茀之也回报了数量可观的
绘画作品。

　　11 月，潘天寿又以中国书法家
代表团副团长的身份访问日本，以
加强中日艺术家的书法交流。飞机
从香港起飞，当飞过台湾上空时，
潘天寿回想半生，感慨万分，自己

《之江遥望图》1954 年

真是见证了一个时代的消逝和另一个时代的降临，于是提笔写下了一首诗：

> 依稀月色漾银澜，万里高飞星斗间。
>
> 梦下有谁思汉土，微茫灯火过台湾。

访日过程也比较顺利，访问团参观了大阪、名古屋、东京等地，包括博物馆和制笔制墨的工厂。潘天寿初惊于日本的书法教育竟如此普及，但是他依旧认为日本的书法家水平还是不高，法度上没有下苦功夫。回国后，潘天寿在报告中赞扬了日本对书法教育的重视，并认为他们根底较浅，中国可以经过一代人的努力而追之。但依旧有人认为潘天寿展露出了对资本主义社会的向往。

1964 年，第六届全国美展开幕，潘天寿准备了六幅画作参加，没有一幅入选。这让潘天寿很是彷徨心急，他担心自己的作品是不是仍旧没有创新好，达不到

《雨后千山铁铸成》1961 年

百年巨匠
Century
Masters
潘天寿
Pan
Tianshou

人民的要求。但实际上，环境正在悄然发生着变化。

1965 年夏天，潘天寿与小儿子潘公凯一起住进了莫干山。一天天气闷热，雷雨将至，潘天寿却带着儿子攀登莫干山的顶峰 —— 塔山。

> 雷雨前后看山特别好，有云雾，有大风，有时是东边日头西边雨，气候变化剧烈。大雨倾盆之时，虽看不见山了，但却能体会气势。

随后是狂风大作，黑云压山，暴雨如期而至，二人虽然打着伞，但还是被淋了个透，潘天寿毫不在意，他看着远处苍茫的群山，慷慨激昂地感叹造化。天地之间，潘天寿如同一块磐石雄踞在顶峰，与这雄浑的自然融为一体，大概就像几年前所作《雨后千山铁铸成》所描绘的那样。

这是铁的画格，也是铁的人格。潘天寿的一生从来没有像现在这般誉满天下，功成名就。

历史的戏剧性在于只有后人回望时才可能理出一些头绪。或许木秀于林，风必摧之，潘天寿的梦想将在一瞬之间分崩离析。

1965 年 11 月 10 日，姚文元在《文汇报》上，发表了自己潜心创作完成的《评新编历史剧〈海瑞罢官〉》，意味着一场疾风骤雨即将到来。

尾 声

　　1966 年 3 月 3 日（农历二月十二），是潘天寿的生日，至此潘天寿恰好走过了七十年岁月。作为浙江美术学院校长的潘天寿并没有大操大办，他让何愔烧了几个家常菜，一家人团聚一起，喝了一点酒就微醉了，对他而言，此生坦荡，几乎没有什么遗憾了。他即兴握笔写了两副对联："流离真岁岁，笔砚永朝朝。""七十年来何所得，古稀年始颂升平。"字里行间，透出的是继往开来的雄心壮志。

　　1966 年创作的《梅月图》是潘天寿最后的一幅大画作品，梅干黝黑如钢铁，古拙沉雄，花瓣却有一种别样的俏丽，暗夜深邃，明明如月，与此傲梅共存。作品的力度与气息，在在显示出潘天寿旺盛的生命力。其题诗云："气结殷周雪，天成铁石身。万花皆寂寞，独俏一枝春。"右下款为"雷婆头峰寿者"。其实潘天寿已经好多年没有回过家乡宁海了，所谓"雷婆头峰寿者"这个别号，是当下他与家乡的唯一关联。

　　潘天寿未曾料到，传统文化受重视的时间只有短短几年。随着"文化大革命"的爆发，传统文化再一次受到野蛮横扫，潘天寿被关进牛棚，遭受一次次的羞辱批斗。他被戴上"反动学术权威""文化特务""国民党特别党员"等一顶顶黑帽，他笔下的秃鹫被视为反动形象，他的画作被污蔑为"黑画"。他更未曾料到，自己的最后一次回宁海老家，竟然是 1969 年被带回去罚跪在雪

《梅月图》1966 年

地中接受批斗。家乡风景依旧，但熟识的人们都老了，他们看着潘天寿的眼神是复杂的，正如潘天寿看他们一样。这种精神上的摧残，比肉体上遭受毒打更折磨老人，他一次次自问，一生清白做人，他无愧于这个社会，几十年如一日地坚守、传承传统文化并发扬光大，他无愧于这个时代。但"造反派"没有给他辩解的机会。然而潘天寿坚持着，相信总有一天会还给他公正的待遇。在宁海回杭州的路上，他在一张捡来的香烟壳纸背面留下了三首诗：

千山复万山，山山峰峦好。

一别四十年，想认人已老。

入世悔愁浅，逃名痛未遐。

万峰最深处，饮水有生涯。

莫此笼絷狭，心如天地宽。

是非在罗织，自古有沉冤。

即便这时候，一生文人气质的潘天寿还在敲诗，于是这三首诗也有了不同的版本。他甚至不让儿子为自己剪掉指甲，因为他还要创作指头画。

最终他还是没能坚持住，在黎明到来之前病逝了。他的病情在一次次的折磨中逐渐恶化，最终被送进了医院，但没有人敢为这个名满天下的老画家诊治，朋友、弟子离开的离开，背叛的背叛，更多的只能暗中叹息，只有何愔守在自己身旁。那天下午，老友吴茀之逃出牛棚，偷偷地溜到病房来看他，潘天寿高兴坏了，强拖着病体与吴茀之畅谈艺事，当天夜里，他突然开始气喘，他努力想控制住自己抖动的双脚。

我想叫它不要动……哦……不成功……我想……让它……不要抖……

这是潘天寿最后的遗言。1971 年 9 月 5 日，一代艺坛巨子，就此凄凉地离别人世。

参考书目

◎ 陈永怡编著《潘天寿美术教育文献集》，中国美术学院出版社，2013年。

◎ 陈永怡主编《潘天寿变体画研究》，浙江人民美术出版社，2016年。

◎ 陈永怡：《雁荡山花——潘天寿写生研究》，浙江人民美术出版社，2019年。

◎ 邓白：《潘天寿评传》，浙江美术学院出版社，1988年。

◎ 金雅、聂振斌编《中国现代美学名家文丛·蔡元培卷》，浙江大学出版社，2009年。

◎ 卢炘编《潘天寿研究》，浙江美术学院出版社，1989年。

◎ 卢炘编《潘天寿研究第二集》，中国美术学院出版社，1997年。

◎ 卢炘：《大笔淋漓——潘天寿传》，杭州出版社，2004年。

◎ [英]迈克尔·苏利文：《20世纪中国艺术与艺术家》，上海人民出版社，2013年。

◎ 潘天寿：《中国绘画史》，商务印书馆，1926年。

◎ 潘天寿：《中国绘画史》，东方出版社，2012年。

◎ 潘天寿：《潘天寿诗集注》，浙江古籍出版社，2009年。

◎ 潘天寿：《潘天寿论画笔录》，上海人民美术出版社，1984年。

◎ 潘天寿：《听天阁画谈随笔》，上海人民美术出版社，1980年。

◎ 潘天寿：《顾恺之》，上海人民美术出版社，1979年。

◎ 《潘天寿全集》编辑委员会编《潘天寿全集》，浙江人民美术出版社，2015年。

◎ 潘公凯：《潘天寿评传》，商务印书馆香港分馆，1986年。

◎ 潘公凯编《潘天寿谈艺录》，浙江人民美术出版社，2017年。

◎ [清]石涛：《石涛画语录》，西泠印社出版社，2006年。

◎ 石守谦：《从风格到画意》，生活·读书·新知三联书店，2015年。

◎ 王靖宪编《潘天寿美术文集》，人民美术出版社，1983年。

◎ 王震编《徐悲鸿文集》，上海画报出版社，2005年。

◎ 许江主编《民族翰骨：潘天寿与文化自信——纪念潘天寿诞辰120周年学术研讨会论文集》，中国美术学院出版社，2017年。

◎ 严善錞、黄专：《潘天寿》，天津杨柳青画社，1999年。

◎ 张圣洁、闫立君编《陈师曾画论》，中国书店，2008年。

◎ 朱朴编《林风眠谈艺录》，中国青年出版社，2014年。

◎ 周飞强：《细读潘天寿》，广西美术出版社，2018年。